EXEMPLIS DISCIMUS

**Phaedrus' Fabeln
und Beispiele ihrer Bearbeitung
durch La Fontaine, Lessing, Gleim
und Schlegel**

Zusammengestellt und für den Unterricht
bearbeitet von Karl Heinz Eller,
herausgegeben von Norbert Zink

Verlag Moritz Diesterweg
Frankfurt am Main

Die 1. Auflage erschien in der Reihe
„Modelle für den altsprachlichen Unterricht/Latein"
unter dem Titel „Phaedrus Fabeln".

ISBN 3-425-04742-6

2., überarbeitete und erweiterte Auflage

© 1990 Verlag Moritz Diesterweg GmbH & Co., Frankfurt am Main.
Alle Rechte vorbehalten. Das Werk und seine Teile sind urheberrechtlich geschützt.
Jede Verwertung in anderen als den gesetzlich zugelassenen Fällen bedarf deshalb der vorherigen schriftlichen Einwilligung des Verlags.

Satz: Bibliomania GmbH, Frankfurt am Main
Druck: Wiesbadener Graphische Betriebe GmbH, Wiesbaden

Inhalt

Vorwort 7

Phaedrus: Fabeln
Fabel I 1	Lupus et agnus	9
Fabel I 2	Ranae regem petierunt	12
Fabel I 3	Graculus superbus et pavo	14
Fabel I 4	Canis per fluvium carnem ferens	16
Fabel I 5	Vacca et capella, ovis et leo	17
Fabel I 6	Ranae ad solem	18
Fabel I 7	Vulpes ad personam tragicam	19
Fabel I 8	Lupus et gruis	20
Fabel I 10	Lupus et vulpes iudice simio	22
Fabel I 12	Cervus ad fontem	23
Fabel I 13	Vulpes et corvus	24
Fabel I 14	Ex sutore medicus	25
Fabel I 21	Leo senex, aper, taurus et asinus	27
Fabel I 22	Mustela et homo	29
Fabel I 23	Canis fidelis	30
Fabel I 24	Rana rupta et bos	31
Fabel I 26	Vulpes et ciconia	32
Fabel I 28	Vulpes et aquila	33
Buch II	Prologus	34
Fabel II 1	Iuvencus, leo et praedator	35
Fabel II 2	Anus diligens iuvenem, item puella	36
Fabel II 5	Caesar ad atriensem	37
Fabel II 8	Cervus ad boves	39
Buch II	Epilogus	41
Fabel III 7	Lupus ad canem	43
Fabel III 8	Soror ad fratrem	45
Fabel III 9	Socrates ad amicos	47
Fabel III 10	Poeta de credere et non credere	48
Fabel III 14	De lusu et severitate	51
Fabel III 18	Pavo ad Iunonem de voce sua	52
Fabel III 19	Aesopus respondet garrulo	53
Fabel IV 11	Fur et lucerna	54
Fabel IV 23	De Simonide	57

Fabel IV 25	Formica et musca	59
Fabel IV 26	Poeta	61
Fabel V 1	Demetrius rex et Menander poeta	63
Fabel V 2	Viatores et latro	65
Fabel V 4	Asini et porcelli	66
Fabel V 5	Scurra et rusticus	67
Fabel V 7	Procax tibicen	69

La Fontaine: Fabeln

Fabel I 10	Der Wolf und das Lamm	71
Fabel III 4	Die Frösche, die einen König haben wollen	72
Fabel VI 12	Die Sonne und die Frösche	74
Fabel I 14	Der Fuchs und die Büste	74
Fabel III 9	Der Wolf und der Storch	75
Fabel II 3	Der Affe als Richter zwischen Wolf und Fuchs	76
Fabel VI 9	Der Hirsch, der sich im Wasser spiegelt	77
Fabel I 2	Der Rabe und der Fuchs	78
Fabel III 14	Der altgewordene Löwe	79
Fabel I 18	Der Fuchs und der Storch	80
Fabel I 17	Der Mann zwischen zwei Lebensaltern und zwei Lebensgefährtinnen	81
Fabel IV 21	Das Auge des Herrn	82
Fabel I 5	Der Wolf und der Hund	84
Fabel IV 3	Die Fliege und die Ameise	85
Fabel I 14	Wie Simonides von den Göttern beschützt ward	87

Philosophische Fabeln

Fabel I 11	Der Mensch und sein Ebenbild	89
Fabel XII 20	Der skythische Philosoph	90

Gotthold Ephraim Lessing:
Von dem Gebrauch der Thiere in der Fabel 92

Allgemeine Aufgaben 99

Quellenverzeichnis (in der Reihenfolge des Vorkommens der Texte) 100

„Der Fuchs und der Storch", Holzstich nach einer Zeichnung von Gustave Doré, Kunstbibliothek Berlin.

Vorwort

Mit dieser erweiterten Textausgabe wird es möglich, die Fabeldichtung aus der frühen Kaiserzeit als Anfangslektüre zu erschließen. Wer sich zum ersten Mal mit diesen Gedichten beschäftigt, wird erfreut feststellen, daß sie sehr vielfältig und gar nicht langweilig zu lesen sind, daß sie zwar meist die erzählten, zum Teil von dem Griechen Aesop übernommenen Stoffe etwas nüchtern und ohne viel ausschmückendes Detail darbieten, daß aber die Sprache, in die sie die Inhalte gießen, klar, durchsichtig und gut gegliedert ist. Wortwahl und Satzbau arbeiten die jeweilige Geschichte plastisch heraus, die jambischen Verse klingen gut, es sind Gedichte von hoher sprachlicher Ökonomie, die außerordentlich angenehm zu lesen sind. Die Fabeln des Phaedrus sind sehr geeignet, Latein zu lernen und erste (und auch schon weiterführende) Schritte in die Literatursprache zu tun, sie sind auch von ihren Inhalten her eine sehr fruchtbare Lektüre: Sie stellen eine Poesie-Anfangslektüre dar, die vorsichtig die Eigenarten dichterischer Gestaltung, harmonischer sprachlicher Formung einzuführen erlaubt, die mit verschiedenen Erzählweisen in Versen bekannt macht und nicht nur auf die Beschäftigung mit den großen Klassikern der römischen Poesie vorbereitet, sondern selbst eine Art Höhepunkt einer wenn auch kleinen Dichtungsgattung vorstellt, eben der Vers-Fabel. Was die Sujets der Fabeln betrifft, so wird man entdecken, daß das berühmte und oft (als langweilig, moralistisch oder allzu pädagogisch) gefürchtete „Fabula docet" nicht nur amüsant und spannend wirken kann, sondern daß wir damit eine kleine Einführung in ethisches und moralphilosophisches Denken verbinden können, ja müssen, wenn wir der menschlichen Spannweite dieser Fabeln gerecht werden wollen. Es sind bestimmte Fehler und als deren Gegenpole Vorzüge oder Tugenden, die Phaedrus durch seine Fabel-Erzählungen demonstriert, und in der Vielheit der Fabeln erhalten wir ein interessantes Spiegelbild menschlicher Lebenserfahrung, menschlichen Fehlverhaltens, und eine Anregung zur Lebensweisheit.

Phaedrus selbst gibt in einem allgemein-moralphilosophischen Vor- oder Nachspruch den Sinn seiner Fabeln an, wie er ihn durch die Erzählung der Geschichte selbst ausdrücken wollte. Dies gibt nun eine interessante Aufgabe für den Leser, in die Spannung zwischen moralischer Absicht des Dichters und seiner erzählerischen Leistung einzutreten und die Verwirklichung seiner Absichten zu überprüfen. Man wird dabei feststellen, daß die Fabeln selbst mehr und tiefergreifende Aspekte enthalten, als Phaedrus selbst uns in seinem „Fabula docet" angibt. Noch ein Gesichtspunkt ist wichtig: Wir haben zwei grundsätzlich verschiedene Arten von Fabeln, solche, die menschliches Verhalten (in irreal-phantastischer Weise) in Tiere hineinverlegen, so daß es mit grotesker Klarheit zu erkennen ist, und solche, die nur unter Menschen spielen. Im zweiten Falle haben wir dann kleine Geschichten mit moralischem Sinn, die sich jedoch bis zu hübschen Versnovellen entfalten können. Diese Seite von Phaedrus' Dichtung ist noch unbekannter als die Tierfabeln, aber in vielem noch origineller: Wir erhalten hier – in dieser Art einmalige – Einblicke in römisches (und griechisches) Leben.

Der Mensch, wie er leider ist, wird in den Phaedrus-Fabeln vorgestellt in gleichnishaften kurzen Handlungsszenen, die einsträngig und theoretisch einsichtig eine jeweils ganz bestimmte Verhaltensrichtung unter die Lupe nehmen. Aber dahinter, hinter aller Unvollkommenheit des Menschen und der realistischen Illusionslosigkeit des Dichters, leuchtet das Ideal des Phaedrus auf, wie er den Menschen gerne haben möchte: treu, bescheiden, großzügig, gütig und mild, hilfsbereit, neidlos in der Mitfreude über das Glück des Nächsten, von Selbsterkenntnis und Solidarität mit dem Mitmenschen getragen. Fabellektüre in diesem Sinne kann philosophische Propädeutik sein. Der Fabeldichter ist Moralist und Künder von Lebensweisheit im Gewande des Satirikers; denn Fabeln üben auf amüsante Weise Kritik am Einzelnen und an der Gesellschaft.

Die 2., überarbeitete Auflage wurde erweitert um Bearbeitungen einiger Phaedrus-Fabeln durch andere Dichter. Neu aufgenommen wurde auch der Text von G. E. Lessing „Von dem Gebrauch der Thiere in der Fabel".

Jüngere Schüler wird es interessieren, die bunte Fabelwelt und die Tiermasken kennenzulernen, sie werden die herausleuchtende Erzählfreude empfinden, aber auch lernen, die verschiedenen Fassungen desselben Stoffes parallel zu lesen und miteinander zu vergleichen. Ältere Schüler können sich eher den künstlerisch-ästhetischen Problemen der Fabeldichtung widmen und sich um die philosophisch-ethische Interpretation bemühen sowie um die in den Fabeln angewandten psychologischen Erkenntnisse. Wert zu legen ist auf die Vielfalt der Deutungsmöglichkeiten einzelner Fabeln, und es sollte die vom Dichter selbst gegebene Deutung auf ihre Gültigkeit und Aktualität überprüft werden.

Phaedrus: Fabeln

Fabel I 1 Lupus et agnus

Ad rivum eundem lupus et agnus venerant
Siti compulsi; superior stabat lupus
Longeque inferior agnus. Tunc fauce improba
Latro incitatus iurgii causam intulit.
5 „Cur" inquit „turbulentam fecisti mihi
Aquam bibenti?" Laniger contra timens:
„Qui possum, quaeso, facere, quod quereris, lupe?
A te decurrit ad meos haustus liquor."
Repulsus ille veritatis viribus:
10 „Ante hos sex menses male" ait „dixisti mihi."
Respondit agnus: „Equidem natus non eram."
„Pater hercle tuus" ille inquit „male dixit mihi."
Atque ita correptum lacerat iniusta nece.
Haec propter illos scripta est homines fabula,
15 Quis fictis causis innocentes opprimunt.

2 **sitis** Durst **compellere** anteiben, veranlassen **superior** oberhalb (am Bach)
3 **large** weit **inferior** unterhalb **faux, -cis** (*meist pl.*) Rachen **improbus** böse, gierig
4 **latro** Räuber **iurgium** Streit 5 **turbulentus** trüb 6 **laniger** wolletragend, Wolletier **contra** *adv.* dagegen **timens** furchtsam 7 **qui** wie? **quaeso** bitte **queri**
+ *Akk.* sich über etwas beklagen 8 **decurrere** herabfließen **haustus, -us** Schöpfen, Trinken **liquor** Flüssigkeit, Wasser 9 **repellere** zurückstoßen, abwehren 10 **ante hos sex menses** vor diesen sechs Monaten, jetzt vor sechs Monaten **male dicere**
+ *Dat.* schmähen 11 **equidem** freilich, aber ... doch 12 **hercle** bei Gott 13 **corripere** packen **lacerare** zerfleischen **nex, -cis** f. Tod 15 **fictus** erfunden, falsch **innocens** unschuldig **opprimere** unterdrücken, mißhandeln

1. Ist dieses Urbild aller Fabeln ein Abbild des gesellschaftlichen Naturzustandes oder eine Erklärung des Bösen in der Welt? Welche beiden Gruppen von Menschen (oder von Wesen) gäbe es nach dieser Fabel? Oder welche zwei Handlungsweisen *derselben Person* werden in Wolf und Lamm auseinandergelegt?
2. Warum fängt der Wolf mit dem Lamm Streit an? Kann er es nicht ohne Streit und ohne moralische Begründung seiner Handlungsweise auffressen?
3. Warum brauchen die Menschen für ihr Unrecht „fictas causas"?
4. Wie verhält sich das Lamm? Ist es richtig, daß es sich jedesmal gegen die ungerechte Anklage des Wolfes mit der Wahrheit zur Wehr setzt?
5. Suchen Sie die Ansätze zu moralphilosophischer Betrachtung heraus! Erklären Sie die Begriffe: fauce improba incitatus, iurgii causam intulit, veritatis viribus, iniusta nece, fictis causis innocentes opprimere?

Der Wolf und das Lamm

Es stillt' in heißen Sommertagen
Ein Lamm einst seinen Durst in einem hellen Bach.
Schnell kam ein Wolf dazu, und zwar mit leerem Magen.
Ein Umstand, der nichts Guts versprach!
5 Und überhaupt sagt man den Wölfen nach,
Daß sie die Abenteuer lieben.
Doch der ward noch dazu vom Hunger hergetrieben.

„Wer machet", fing er an mit vollem Grimm zu schrein,
„Wer machet dich so kühn, mir meinen Trunk zu trüben?
10 Armseliges Geschöpf! Wart! Das soll dich gereun.
Dein Frevel soll dein Unglück sein."

„Wie könnt' ich mich bei Ihro Majestät",
Versetzt das Lamm, „so freventlich vergessen.
In Demut bitt ich zu ermessen,
15 Daß es in meiner Macht nicht steht,
Des, was die Ehrfurcht schon mir wehrt, mich zu erkühnen.
Ich steh so weit entfernt von Ihnen.
So kommt von Ihnen auch der Strom zu mir herab.
Sie nehmen hieraus selbst nach Ihrer Weisheit ab,
20 Daß folglich ja ich Ihr Getränke
Auf keine Weise trüben kann."

„Du trübst es", hob der Wolf voll Blutdurst wieder an,
„Und es ist gut, daß ich jetzt eben dran gedenke,
Wie du schon im verwichnen Jahr
25 Mir viel Verbrechen angedichtet
Und viel von mir geschmäht. Man hat mir's wohl berichtet."

„Wie kann das möglich sein, da im verwichnen Jahr
Ich ja noch nicht geboren war:
Ich säuge noch." „So hat dies schändliche Verbrechen,
30 Des sich auch Rosse selbst nicht ungestraft erfrechen,
Dein Bruder doch begangen." „Wie:
Mein Bruder? Herr, ich habe keinen."
„Nun wohl! So trifft die Schuld doch der Verwandten einen.
Denn ihr, ihr schonet meiner nie.
35 Ihr, eure Schäfer, eure Hunde
Steht alle wider mich im Bunde
Und lästert mich mit frechem Munde.
Du sollst es nun entgelten. Du!"

Schnell faßt des Wolfes heißer Rachen
40 Das schon halbtote Lamm und schleppt's dem Walde zu;
Und ohn' erst lang ihm den Prozeß zu machen,
Verzehrt er es daselbst in Ruh'.

Johann Adolf Schlegel

1. Woran erkennt man, daß es sich hier um eine Bearbeitung/Neufassung einer schon vorliegenden Fabeldichtung handelt?
2. Welcher Art sind die Hinzufügungen und Ausschmückungen des Autors aus dem 18. Jahrhundert gegenüber dem klassisch knappen Phaedrus?
3. Welchen Ton und welche Atmosphäre strahlt diese Fassung aus?
4. Wie verwendet der Autor (besonders im 18. Jahrhundert in Blüte stehende) Tugendbegriffe und moralische Wertbegriffe: freventlich, Demut, Ehrfurcht, Weisheit, ebenso wie deren Gegenteil: Verbrechen, Blutdurst? Welches Menschenbild steht dahinter? Welche gesellschaftlichen Verhältnisse jener Zeit sind selbst durch die Tierfabeln hindurch zu erkennen? Warum fehlen diese Dinge bei Phaedrus?

Fabel I 2 Ranae regem petierunt

Athenae cum florerent aequis legibus,
Procax libertas civitatem miscuit
Frenumque solvit pristinum licentia.
Hic conspiratis factionum partibus
5 Arcem tyrannus occupat Pisistratus.
Cum tristem servitutem flerent Attici
(Non quia crudelis ille, sed quoniam gravis
Omnino insuetis), onus et coepissent queri,
Aesopus talem tum fabellam rettulit.
10 Ranae vagantes liberis paludibus
Clamore magno regem petiere a Iove,
Qui dissolutos mores vi compesceret.
Pater deorum risit atque illis dedit
Parvum tigillum, missum quod subito vadi
15 Motu sonoque terruit pavidum genus.
Hoc mersum limo cum iaceret diutius,
Forte una tacite profert e stagno caput
Et explorate rege cunctas evocat.
Illae timore posito certatim annatant
20 Lignumque supera turba petulans insilit.
Quod cum inquinassent omni contumelia,

1 **Athenae, -arum** *einer der wichtigsten Stadtstaaten des alten Griechenland, in dem Literatur und Philosphie ebenso wie Wissenschaft und bildende Künste Höhepunkte ihrer antiken Entwicklung erlebten* **florere** in Blüte stehen **aequae leges** Gleichberechtigung vor dem Gesetz 2 **procax** frech **libertas** *hier negativ* (etwa: Zügellosigkeit oder gar Aufruhr) **miscere** verwirren 3 **frenum** Zügel **solvere** auflösen **pristinus** uralt, bisherig **licentia** Willkür 4 **conspirare** (sich) verschwören **factio** Partei **partes, -ium** Partei 5 **arx** Burg **tyrannus** Alleinherrscher, Gewaltherrscher (gr. τύραννος) **occupare** in Besitz nehmen **Pisistratus** *Tyrann aus altem Adelsgeschlecht, ergriff um 560 v. Chr. die Macht in Athen, herrschte bis 528/7, obwohl er zweimal vertrieben wurde; ihm folgten die Söhne Hipparch und Hippias in der Macht nach* 6 **servitus** Knechtschaft **Attici** *die Bewohner von Attika (Landschaft um Athen)* 7 **gravis** schwer lastend 8 **omnino** überhaupt, allgemein **insuetus** ungewohnt, nicht daran gewöhnt 9 **fabella** Fabel **referre** erzählen 10 **rana** Frosch **vagari** umherschweifen **palus** Sumpf 11 **Iuppiter, Iovis** *höchster Gott, dem griechischen Zeus entsprechend* 12 **dissolutus** aufgelöst **compescere** zähmen 14 **tigillum** Balken **subitus** plötzlich 15 **motus** Bewegung **sonus** Geräusch **pavidus** ängstlich **vadi genus** die Sumpfbewohner 16 **mergere, mersus** untertauchen **limus** Schlamm *(des Sumpfes)* 17 **tacite** still, lautlos 18 **explorare** erforschen **evocare** hervorrufen 19 **posito** = *deposito timore posito* nach Überwindung ihrer Furcht **certatim** um die Wette **annatare** heranschwimmen 20 **supera** *prädikativ* (oben drauf) **petulans** ausgelassen, frech **insilire** daraufspringen 21 **inquinare** beschmutzen, besudeln **contumelia** Schande, Schmach

Alium rogantes regem misere ad Iovem,
Inutilis quoniam esset qui fuerat datus.
Tum misit illis hydrum, qui dente aspero
25 Corripere coepit singulas. Frustra necem
Fugitant inertes, vocem praecludit metus.
Furtim igitur dant Mercurio mandata ad Iovem,
Afflictis ut succurrat. Tunc contra deus:
„Quia noluistis vestrum ferre" inquit „bonum,
30 Malum perferte." – „Vos quoque, o cives" ait
„Hoc sustinete, maius ne veniat malum."

22 **misere ad Iovem** schickten zu Juppiter (sc. etwa: nuntium)   23 **inutilis** unbrauchbar   **fuerat datus** = *erat datus*   24 **hydrus** (gr. ὕδρος) Wasserschlange   **asper** scharf   25 **corripere** packen   26 **fugitare** *Intensivverbum zu fugere*   **iners** untätig, erfolglos   **praecludere** abschneiden   27 **furtim** heimlich   **mandatum** Auftrag   28 **afflictus** niedergeschlagen   **succurrere** zu Hilfe kommen   **contra** dagegen *(sc. dixit)*   30 **perferre** aushalten   31 **sustinere** ertragen

1. Analysieren Sie in Vers 1–9 die historische Einleitung! Was mißfällt dem Dichter an der Demokratie? Welche historische Situation aus Athens Vergangenheit wird beschrieben?
2. Wie entsteht aus der Demokratie die Herrschaft eines Einzelnen?
3. Was empfinden die Attiker als bedrückend? Was läßt sich daraus über die Art der Menschen allgemein ableiten, wie sie die politischen Verhältnisse ertragen?
4. Warum also hat Aesop die im folgenden von Phaedrus erzählte Fabel erfunden? Es ist eine interessante Herleitung der Fabel in doppelter Weise: einmal von dem Dichter, der als Vorbild diente, und dann aus den gesellschaftlichen Verhältnissen, denen die Fabel entspringt!
5. Welche Wirkung sollte die Fabel auf Aesops Zeitgenossen machen?
6. Warum erzählt Phaedrus die Fabel denn nach, obwohl die gesellschaftliche Situation zu seiner Zeit sicher ganz anders aussah?
7. Was ist humoristisch an der Zusammenstellung der Frösche und des Juppiter als Partner der Geschichte?
8. Warum wollen nun die Frösche den König, und warum lacht hier Juppiter?
9. Welchen entgegengesetzten Eindruck machen die beiden von Juppiter gegebenen „Könige"? Was haben sie mit den Fröschen gemein?
10. Welches ist das Ergebnis der Prüfung des ersten „Königs" (V. 18 explorato rege)? Was hatten die Frösche von ihrem König erwartet?
11. Warum sollen (V. 29 f.) schließlich die Frösche das Schlechte ertragen?
12. Zu wem ist die Aufforderung des Schlusses (V. 30 f. Vos ... hoc sustinete ...) gesprochen?
13. Fordert die Fabel zu politischer Passivität auf? Oder kann sie dem Menschen helfen, in jeder Situation glücklich zu sein?

Fabel I 3 Graculus superbus et pavo

Ne gloriari libeat alienis bonis
Suoque potius habitu vitam degere,
Aesopus nobis hoc exemplum prodidit.
Tumens inani graculus superbia,
5 Pennas pavoni quae deciderant sustulit
Seque exornavit. Deinde contemnens suos
Se immiscuit pavonum formoso gregi.
Illi impudenti pennas eripiunt avi
Fugantque rostris. Male mulcatus graculus
10 Redire maerens coepit ad proprium genus;
A quo repulsus tristem sustinuit notam.
Tum quidam ex illis, quos prius despexerat:
„Contentus nostris si fuisses sedibus
Et quod natura dederat voluisses pati,
15 Nec illam expertus esses contumeliam
Nec hanc repulsam tua sentiret calamitas."

1 **gloriari** sich rühmen, prahlen   **libet** es gefällt   2 **potius** vielmehr   **habitus, -us** Zustand, Lage   **vitam degere** das Leben verbringen   **prodere** überliefern   4 **tumens** geschwollen   **inanis** leer, eitel   **graculus** Krähe **superbia** Stolz   5 **penna** Feder   **pavo** Pfau   **decidere** herabfallen, entfallen   **tollere, sustuli** aufheben   6 **exornare** ausschmücken   7 **immiscere** + *Dat.* daruntermischen   **formosus** schön, hübsch   **grex, -gis** Schar   8 **impudens** unverschämt   **eripere** ausreißen   9 **rostrum** Schnabel   **mulcare** mißhandeln, übel zurichten   10 **maerens** traurig   **proprius** eigen   11 **repellere** zurückweisen   **nota** Schaden, Beschimpfung, Schimpf   16 **repulsa** Zurückweisung   **calamitas** Unglück

1. Warum liegt das Schwergewicht dieser Fabel nicht auf dem Verhalten der Pfauen, die die eitle Krähe nicht akzeptieren, sondern auf dem Verhalten der Krähen, die die Artgenossin ausstoßen?
2. Wie ist die Lehre der Krähen formuliert? In welche Situation ist die eitle Krähe geraten?
3. Welche moralischen Begriffe werden verwendet?
4. Welcher Wunsch der Krähe steckt in Wahrheit hinter „gloriari ... alienis bonis"? Welches allzumenschliche Streben ist damit gemeint?

Die Pfauen und die Krähe

Fab. Aesop. 188. Phaedrus lib. I. Fab. 3.

Eine stolze Krähe schmückte sich mit den ausgefallenen Federn der farbigten Pfauen, und mischte sich kühn, als sie gnug geschmückt zu sein glaubte, unter diese glänzenden Vögel der Juno. Sie ward erkannt; und schnell fielen die Pfaue mit scharfen Schnäbeln auf sie, ihr den betriegrischen Putz auszureißen.
Lasset nach! schrie sie endlich; ihr habt nun alle das eurige wieder. Doch die Pfaue, welche einige von den eignen glänzenden Schwingfedern der Krähe bemerkt hatten, versetzten: Schweig, armselige Närrin; auch diese können nicht dein sein! – und hackten weiter.

Gotthold Ephraim Lessing

1. Wie dichtet Lessing die bekannte Phaedrus-Fabel weiter?
Entdeckt er an dem Stoff einen neuen Aspekt?
2. Warum werden die Pfauen so aggressiv gegenüber der Krähe?
Warum hören sie dann mit den Mißhandlungen noch nicht auf?
3. Welcher menschliche Fehler wird von Lessing ausgedrückt?
Sind es mehrere psychische Kräfte, die die Pfauen in ihrem Verhalten gegenüber der Krähe antreiben?

Fabel I 4 Canis per fluvium carnem ferens

Amittit merito proprium qui alienum appetit.
Canis per flumen carnem dum ferret natans,
Lympharum in speculo vidit simulacrum suum,
Aliamque praedam ab altero ferri putans
5 Eripere voluit: verum decepta aviditas
Et quem tenebat ore dimist cibum,
Nec quem petebat potuit adeo attingere.

1 **alienus** was einem anderen gehört, fremd   2 **caro, carnis** *f.* Fleisch   3 **lympha** Wasser   **speculum** Spiegel   **simulacrum** Abbild   5 **decipere** täuschen   **aviditas** Gier   6 **dimittere** fallen lassen   **nec ... adeo** trotzdem nicht   **attingere** erhalten

1. Wie ist diese Fabel gebaut?
2. Warum ist gerade der Hund mit dem Fleisch im Maul geeignet zur Umsetzung des Gedankens von V. 1 in eine kleine Szene, fast nur ein Bild?
3. Welche Fabeln arbeiten noch mit dem Instrument des Spiegelbildes (in speculo ... simulacrum)?
4. Wie drückt es der Dichter sprachlich aus, daß der Hund beides verliert?
5. Welche psychologische Erkenntnis steckt in dem kurzen Text?

Fabel I 5 Vacca et capella, ovis et leo

Numquam est fidelis cum potente societas:
Testatur haec fabella propositum meum.
Vacca et capella et patiens ovis iniuriae
Socii fuere cum leone in saltibus.
5 Hi cum cepissent cervum vasti corporis,
Sic est locutus partibus factis leo:
„Ego primam tollo, nominor quoniam leo;
Secundam, quia sum fortis, tribuetis mihi;
Tum, quia plus valeo, me sequetur tertia;
10 Malo afficietur, si quis quartam tetigerit."
Sic totam praedam sola improbitas abstulit.

1 **societas** Gemeinschaft   **potens** der Mächtige   2 **testari** bezeugen   **fabella** = *fabula*   **propositum** Thema, Satz, Behauptung   3 **patiens iniuriae** Unrecht ertragend   4 **saltus, -us** Wald   5 **vasti corporis** mit gewaltigem Körper, von großem Umfang   7 **tollere** für sich nehmen   10 **malo affici** Übel erleiden   11 **improbitas** Bösartigkeit, Unredlichkeit

1. Wieso können die drei Pflanzenfresser mit dem Löwen gemeinsame Sache machen (socii fuere)? Wie werden sie vorgestellt? Prädestiniert der Charakter des Schafes (patiens ... iniuriae) es – und die beiden anderen – zur Dulderrolle gegenüber dem Mächtigen (cum potente societas)?
2. Wie ist diese Fabel formal gestaltet? Wie verhält sich Darstellung von Handlung zu direkter Rede? Was läßt sich daraus schließen?
3. Wie begründet der Löwe seine Privilegien? Gibt es eine bestimmte Entwicklung in der Aufeinanderfolge der vier Argumente?
4. Besprechen Sie die Begriffe „fidelis" und „probitas"!
5. Welche Lebensweisheit läßt sich der Fabel entnehmen (propositum meum), inwieweit und wie läßt sie sich verwirklichen?

Fabel I 6 Ranae ad solem

Vicini furis celebres vidit nuptias
Aesopus et continuo narrare incipit:
Uxorem quondam Sol cum vellet ducere,
Clamorem ranae sustulere ad sidera.
5 Convicio permotus quaerit Iuppiter
Causam querelae. Quaedam tum stagni incola:
„Nunc" inquit „omnes unus exurit lacus
Cogitque miseras arida sede emori.
Quidnam futurum est, si crearit liberos?"

1 **vicinus fur** ein Dieb als Nachbar, benachbarter Dieb   **celeber, -is -e** fröhlich gefeiert   **nuptiae** Hochzeit   2 **continuo** sofort   3 **uxorem ducere** heiraten   **quondam** einst   4 **clamorem tollere** Geschrei erheben   **rana** Frosch   **ad sidera** zum Himmel   5 **convicium** Schelten, Quaken   **permotus** beeindruckt   6 **querela** Klage   **stagnum** Teich   7 **exurere** ausbrennen, austrocknen   **lacus, -us** See, Sumpf   8 **miseras sc. nos arida sede** im ausgetrockneten Wohnsitz   **emori** dahinsterben   9 **quidnam** was denn eigentlich   **crearit** = *creaverit* (zeugen)

1. Analysieren Sie die Einleitung der Fabel V. 1f.! Ist es wahrscheinlich, daß Aesop so gearbeitet hat (continuo narrare incipit)?
2. Welche Besonderheit erhält die Fabel durch den mythologischen Ausgangspunkt: Hochzeit des Sonnengottes?
3. Wieso wenden sich die Frösche an Juppiter?
4. Welche Naturdeutung enthält die Rede des Frosches?
5. Welche phantastische Konsequenz hätte der Gedanke des Frosches, wenn er verwirklicht würde („... si crearit liberos")?
6. Inwieweit paßt die mythisch-irreale Naturfabel auf die Hochzeit des Diebes?

Fabel I 7   Vulpes ad personam tragicam

Personam tragicam forte vulpes viderat:
„O quanta species" inquit „cerebrum non habet!"
Hoc illis dictum est, quibus honorem et gloriam
Fortuna tribuit, sensum communem abstulit.

1 **persona** Theatermaske   **tragicus** tragisch *(wie man sie in Griechenland zu Tragödien-Aufführungen verwendete)*   2 **species** Gesicht   **cerebrum** Gehirn   4 **sensus communis** gemeiner Sinn, Menschenverstand

1. Deuten Sie diese Fabel als eine Grenzform der Gattung!
2. Worin besteht, bei aller Kürze der Fabel, trotzdem ein Ansatz zu einer Handlung?
3. Inwiefern können wir hier mit Recht von einer Fuchs-Fabel sprechen?
4. Welche Assoziationen bringt die tragische Maske mit sich? An welche kulturelle Welt erinnert sie?
5. Erklären Sie den Ausspruch des Fuchses unabhängig von der Deutung in V. 3 + 4! Welche melancholische Erkenntnis über die Unvollkommenheit und Unzulänglichkeit der Wirklichkeit steckt darin?
6. Was ist „sensus communis"? Wie beurteilt der Dichter „honos" und „gloria"? Folgt er hier noch den römischen Werten?

Fabel I 8 Lupus et gruis

Qui pretium meriti ab improbis desiderat,
Bis peccat: primum quoniam indignos adiuvat;
Impune abire deinde quia iam non potest.
Os devoratum fauce cum haereret lupi,
5 Magno dolore victus coepit singulos
Illicere pretio ut illud extraherent malum.
Tandem persuasa est iure iurando gruis,
Gulaeque credens colli longitudinem,
Periculosam fecit medicinam lupo.
10 Pro quo cum pactum flagitaret praemium:
„Ingrata es" inquit „ore quae e nostro caput
Incolume abstuleris et mercedem postules."

1 **pretium** Lohn **meritum** Verdienst **improbus** böse **desiderare** erwarten 2 **peccare** Fehler begehen **indignus** unwürdig 3 **impune** straflos 4 **os** Knochen **devorare** verschlingen **faux, -cis** Schlund **haerere** hängen 6 **illicere** anlocken **extrahere** herausziehen 7 **persuadere, persuasum** *(hier transitiv)* überreden **ius iurandum** Schwur **gruis** Kranich 8 **gula** Kehle, Rachen **credere** anvertrauen **collum** Hals **longitudo** *(volle)* Länge 9 **periculosus** gefährlich **medicina** Heilung 10 **pro quo** dafür **pangere, pactum** verabreden, ausmachen **flagitare** verlangen 11 **ingratus** undankbar 12 **auferre** wegbringen **quae** + *Konj. kausaler Relativsatz*

1. Ist es nützlich, daß der Dichter als Einleitung der Fabel auf den doppelten Aspekt ihrer Bedeutung hinweist? Nimmt er dem Leser nicht zuviel vorweg?
2. Was bedeutet in der Einleitung „improbis" und „indignos"? Welche Behandlung verdienten die, die Phaedrus so benennt?
3. Untersuchen Sie die Art der Erzählung in der Fabel! In welche einzelnen Schritte zerfällt sie? Wo hätte Phaedrus noch gut ausschmücken können? Welche Pointe ergibt die direkte Rede am Schluß?
4. Welche Rolle spielt die Belohnung? Von welchen Aspekten her wird sie gesehen?
5. Warum hilft der Kranich dem Wolf?
6. Wo stecken die Unwahrscheinlichkeiten?
7. Welches ist die Problematik der Dankbarkeit allgemein, und wie wird sie hier verengt?

Der Wolf auf dem Todbette

Fab. Aesop. 144. Phaedrus lib. I. Fab. 8³.

Der Wolf lag in den letzten Zügen und schickte einen prüfenden Blick auf sein vergangenes Leben zurück. Ich bin freilich ein Sünder, sagte er; aber doch, ich hoffe, keiner von den größten. Ich habe Böses getan; aber auch viel Gutes. Einsmals, erinnere ich mich, kam mir ein blökendes Lamm, welches sich von der Herde verirret hatte, so nahe, daß ich es gar leicht hätte würgen können; und ich tat ihm nichts. Zu eben dieser Zeit hörte ich die Spöttereien und Schmähungen eines Schafes mit der bewundernswürdigsten Gleichgültigkeit an, ob ich schon keine schützenden Hunde zu fürchten hatte.

Und das alles kann ich dir bezeugen; fiel ihm Freund Fuchs, der ihn zum Tode bereiten half, ins Wort. Denn ich erinnere mich noch gar wohl aller Umstände dabei. Es war zu eben der Zeit, als du dich an dem Beine so jämmerlich würgtest, das dir der gutherzige Kranich hernach aus dem Schlunde zog.

Gotthold Ephraim Lessing

1. Wie verwertet hier Lessing die Fabel des Phaedrus, um eine neue zu dichten? Ist der Bezug auf die antike Fabel sehr wichtig?
2. Arbeiten Sie den ethischen und den psychologischen Gehalt der Fabel heraus!
3. Welchen Wert haben gute Taten in der Situation des Wolfes (auf dem Totenbett)? Hat es Sinn, sich dabei selbst zu belügen?
4. Wie ist das Zeugnis des Fuchses formuliert? Wo liegt die Ironie der Sprache des Fuchses? Warum ist er zu dem Wolf so hart? Müßte er ihm nicht zum friedlichen Sterben ein Stückchen gutes Gewissen lassen?
5. Wie wäre diese Fabel auf menschliche Verhältnisse zu übertragen? Warum hat Lessing keine moralische Lehre dazugeschrieben?

Fabel I 10 Lupus et vulpes iudice simio

Quicumque turpi fraude semel innotuit,
Etiam si verum dicit, amittit fidem.
Hoc attestatur brevis Aesopi fabula.
Lupus arguebat vulpem furti crimine;
5 Negabat illa se esse culpae proximam.
Tunc iudex inter illos sedit simius.
Uterque causam cum perorassent suam,
Dixisse fertur simius sententiam:
„Tu non videris perdidisse quod petis;
10 Te credo surripuisse quod pulchre negas."

1 **quicumque** jeder der   **fraus** Betrug   **innotescere** bekannt werden   2 **verum dicere** die Wahrheit sagen   **fides** Glaubwürdigkeit, Vertrauen   3 **attestari** bezeugen   4 **arguere** beschuldigen   **furtum** Diebstahl   **crimen** Vergehen   4 **culpae proximus** an dem Vergehen beteiligt   6 **iudex sedere** zu Gericht sitzen   **simius** Affe   7 **perorare** vortragen   8 **sententia** Richterspruch   10 **surripere** heimlich wegnehmen   **pulchre** wunderbar   **negare** bestreiten

1. Ist es gut, daß die sieben Verse Fabel (brevis ... fabula) drei volle Verse Einleitung haben?
2. Untersuchen Sie Bau und Formulierung der Fabel!
3. Worin besteht die inhaltliche Besonderheit der Fabel?
4. Warum leuchtet der Spruch des Affen ein, obwohl er aller Logik widerspricht? Worin besteht der Unterschied zwischen der wirklichen Schuld und der Gerechtigkeit des Spruches? Wie ist der Richterspruch sprachlich gestaltet?
5. Warum ist es so treffend, daß es sich nicht um einen einzigen Betrüger handelt, wie man nach V. 1 f. vermuten könnte, sondern um ein wechselseitig aufeinander bezogenes Gaunerpaar?

Fabel I 12   Cervus ad fontem

Laudatis utiliora quae contempseris
Saepe inveniri testis haec narratio est.
Ad fontem cervus, cum bibisset, restitit
Et in liquore vidit effigiem suam.
5 Ibi dum ramosa mirans laudat cornua
Crurumque nimiam tenuitatem vituperat,
Venantum subito vocibus conterritus
Per campum fugere coepit et cursu levi
Canes elusit. Silva tum excepit ferum,
10 In qua retentis impeditus cornibus
Lacerari coepit morsibus saevis canum.
Tunc moriens vocem hanc edidisse dicitur:
„O me infelicem! qui nunc demum intellego,
Utilia mihi quam fuerint quae despexeram,
15 Et quae laudaram quantum luctus habuerint."

1 **(ea) quae contempseris** was man verachtet   2 **testis** Zeuge   **narratio** Erzählung, Fabel   **testis est** = *testatur* (bezeugt), *davon abhängig ist der A. c. I.*   3 **cervus** Hirsch **bibere, bibi** trinken   **resistere** stehen bleiben *(perf. restiti)*   4 **liquor** klares Wasser **effigies, -ei** Abbild, Spiegelbild   5 **ramosus** ästig, verzweigt   **cornua** Geweih 6 **crus, cruris** *n.* Schenkel, Bein   **nimius** zu groß   **tenuitas** Dünne, Schmächtigkeit **vituperare** tadeln   7 **venans** = *venator* Jäger   **conterere, -territus** sehr erschrecken 8 **cursus, -us** Lauf   **levis** leicht, behend   9 **eludere** verspotten, täuschen   **excipere, -cepi** aufnehmen   **ferus** wild   10 **retinere** zurückhalten   11 **lacerare** zerfleischen **morsus, -us** Biß   **saevus** wütend   **canis** Hund   12 **edere** von sich geben   13 **o me infelicem** ich Unglücklicher!   **nunc demum** jetzt erst   14 **despicere** verachten 15 **laudaram** = *laudaveram*   **luctus, -us** Trauer, Schmerz   **quantum** + *Gen. part.* wie viel

1. Welche Spielart von Moral wird durch diese Fabel ausgedrückt? Es geht hier wohl doch um Vorurteile und um die Diskrepanz zwischen Erwartung und Realität, um die Verschiedenheit von Schätzung und Bewährung!
2. Was bedeutet der Vergleich (V. 1: laudatis utiliora) und das „saepe inveniri" des moralischen Vorspruchs?
3. Stellen Sie sich das Bild des Hirsches an der Quelle in V. 3–6 vor! Welche Poesie liegt darin? Bestimmen Sie die „narzißtische Komponente" seines Verhaltens! Inwiefern paßt diese Art von Eitelkeit gerade zu dem Hirsch?
4. Welche Gefühle beherrschen den Hirsch? Beachten Sie, wie die ganze Fabel eine verinnerlichte Handlung bringt, eine innere Umkehr des Hirsches, der eigentlich die einzige Person ist! Die Umwelt wird nur mit den Augen des Hirsches gesehen.
5. Gibt es einen inneren Zusammenhang zwischen „fugere coepit" V. 8 und „lacerari coepit" V. 11?
6. Analysieren Sie die (relativ lange) Rede des Hirsches! Warum erkennt er die Wahrheit erst beim Sterben (moriens)?

Fabel I 13   Vulpes et corvus

Qui se laudari gaudet verbis subdolis,
Fere dat poenas turpes poenitentia.
Cum de fenestra corvus raptum caseum
Comesse vellet, celsa residens arbore,
5 Vulpes hunc vidit, deinde sic coepit loqui:
O qui tuarum, corve, pennarum est nitor!
Quantum decoris corpore et vultu geris!
Si vocem haberes, nulla prior ales foret.
At ille stultus, dum vult vocem ostendere,
10 Emisit ore caseum, quem celeriter
Dolosa vulpes avidis rapuit dentibus.
Tum demum ingemuit corvi deceptus stupor.
[Hac re probatur quantum ingenium valet;
Virtute semper praevalet sapientia.]

1 **gaudere** + *A. c. I.* sich freuen, daß   **subdolus** listig   2 **fere** gewöhnlich, in der Regel   **poenas dare** Strafe zahlen, büßen   **poenitentia** Buße, Reue   3 **caseus** Käse   **comesse** = *comedere* essen   **celsus** hoch   **residere** sitzen   **vulpes** Fuchs   6 **qui** wie beschaffen *(= qualis)*   **corvus** Rabe   **penna** Feder   **nitor** Glanz   7 **decor, -oris** *m.* Zierde, Anmut   **gerere** an sich haben, tragen   8 **prior** überlegen   **ales, -itis** *f.* Vogel   9 **stultus** töricht   **ostendere** zeigen   10 **emittere** fallen lassen   11 **dolosus** listig   **avidus** gierig   12 **ingemere** aufseufzen   **decipere** täuschen   **stupor** Dummheit

1. In welche Abschnitte zerfällt das Geschehen der Fabel?
2. Welche Vorteile hat der Rabe gegenüber dem Fuchs?
3. Warum sind für die Handlung gerade diese beiden Tiere gewählt?
4. Wie ist die Schmeichelei des Fuchses in V. 6 + 8 sprachlich formuliert?
5. Welche Qualitäten preist der Fuchs? Was an den gepriesenen Eigenschaften überschreitet das Wesen eines Tieres, ist also menschlich?
6. Wo finden Sie Handlungselemente? Welche Bildhaftigkeit und welche Ausdruckskraft haben diese?
7. Auf welche Grundtriebe ist das Wesen dieser Tiere reduziert?
8. Worin besteht die Schlauheit des Fuchses?
9. Mit welchen Adjektiven wird das Wesen dieser Tiere bezeichnet?
10. Worin besteht die Irrealität dieser Geschichte?
11. Was bedeutet der Schluß: „... ingemuit ... deceptus stupor"?
12. Welche Eigenschaft arbeitet die Fabel heraus? Wie wird sie umschrieben? Ist diese Umschreibung eine Definition? Suchen Sie einen lateinischen Begriff für die bestrafte Eigenschaft!
14. Erzählen Sie die Fabel ausführlich, und versuchen Sie, sie mit möglichst vielen (passenden) Details auszuschmücken!
15. Worin besteht die Kürze des Textes von Phaedrus, wie bringt er das Wesentliche?
16. Untersuchen Sie Länge und Art der Sätze!

Fabel I 14 Ex sutore medicus

Malus cum sutor inopia deperditus
Medicinam ignoto facere coepisset loco
Et venditaret falso antidotum nomine,
Verbosis acquisivit sibi famam strophis.
5 Hic cum iaceret morbo confectus gravi
Rex urbis, eius experiendi gratia
Scyphum poposcit: fusa dein simulans aqua
Miscere illius antidoto se toxicum,
Ebibere iussit ipsum posito praemio.
10 Timore mortis ille tum confessus est
Non artis ulla medicum se prudentia
Verum stupore vulgi factum nobilem.
Rex advocata contione haec addidit:
„Quantae putatis esse vos dementiae,
15 Qui capita vestra non dubitatis credere,
Cui calceandos nemo commisit pedes?"
Hoc pertinere vere ad illos dixerim,
Quorum stultitia quaestus impudentiae est.

1 **sutor** Schuster   **inopia** Mangel   **deperditus** ganz verloren, verkommen   2 **medicinam facere** Heilkunst ausüben   3 **venditare** verkaufen   **antidotum** Gegengift (gr. ἀντίδοτον)   4 **verbosus** wortreich, wortgewandt   **acquirere** erwerben   **stropha** (gr. στροφή) Kunstgriff, Trick   5 **conficere** fertig machen, überwältigen, erledigen   6 **eius experiendi gratia** um ihn auf die Probe zu stellen   7 **scyphus** (gr. σκύφος) Becher   **fundere** eingießen   **dein** (einsilbig) = *deinde*   **simulare** vortäuschen   8 **toxicum** (gr. τοξικόν) Gift   9 **ebibere** austrinken   **ponere praemium** eine Belohnung in Aussicht stellen   10 **confiteri, confessus sum** bekennen   11 **medicum ... factum** sc. *esse*   12 **stupor** Staunen, Dummheit   **vulgus, -i** n. Menge, Volk   **nobilis** berühmt   13 **contio, -nis** f. Bürgerversammlung   14 **quantae ... dementiae** Gen. qualitatis   **dementia** Torheit, Wahnsinn   15 **dubitare** zögern   **credere** anvertrauen   16 **calcare** beschuhen, mit Schuhen bekleiden   **committere** anvertrauen

1. Warum hat Phaedrus zum Scharlatan und Wunderarzt gerade einen Schuster gemacht, der in seinem eigenen Beruf keinen Erfolg hatte? Wie benützt der Dichter am Schluß die Antithese Schuster – Arzt als wirkungsvolle Pointe?
2. Wodurch bringt es der falsche Arzt fertig, berühmt zu werden? Wie ist ein solches Phänomen in der Wirklichkeit überhaupt möglich?
3. Durch welches Experiment wird der falsche Arzt entlarvt? Warum führt dieses Experiment gerade der König der Stadt durch?
4. Wie und mit welchen Begriffen erklärt der Schuster dem König, daß er kein Arzt ist?
5. Welches ist der moralische Gehalt der Fabel?

6. Welche Rolle spielt hier Täuschung, wie wird sie dargestellt, mit welchen Begriffen bezeichnet? Welchen Umkreis stecken die Begriffe des Textes ab: falso nomine, famam, verbosis ... strophis, artis ... prudentia, stupore, vulgi, nobilem, dementiae, stultitia, quaestus imprudentiae?

Fabel I 21 Leo senex, aper, taurus et asinus

Quicumque amisit dignitatem pristinam,
Ignavis etiam iocus est in casu gravi.
Defectus annis et desertus viribus
Leo cum iaceret spiritum extremum trahens,
5 Aper fulmineis ad eum venit dentibus
Et vindicavit ictu veterem iniuriam.
Infestis taurus mox confodit cornibus
Hostile corpus. Asinus, ut vidit ferum
Impune laedi, calcibus frontem extudit.
10 At ille exspirans: „Fortes indigne tuli
Mihi insultare: te, naturae dedecus,
Quod ferre cogor, certe bis videor mori."

1 **dignitas** Würde   **pristinus** früher   2 **ignavus** feige, niedrig   **iocus** Spott   **casus** Unglück   3 **defectus** schwach   **desertus** verlassen, beraubt   4 **spiritum trahere** atmen   5 **aper** Eber   **fulmineus** blitzend, gefährlich   6 **vindicare** rächen   **ictus, -us** Hieb, Stoß   7 **infestus** feindlich   **confodere** stoßen, durchbohren   8 **hostilis** dem Feind gehörend, des Feindes   **ferus** wildes Tier   9 **impune** ungestraft   **calx, -cis** Huf   **frons** Stirn   **extundere** schlagen   10 **exspirare** aushauchen, sterben   **indigne** unwillig   11 **insultare** beleidigen   **dedecus** Schande   **certe** gewiß

1. Welche Eigenschaft der Menschen wird durch diese Fabel dargestellt?
2. Warum läßt der Dichter den Löwen nicht durch ein, sondern durch drei Tiere mißhandelt werden? Beachten Sie die verschiedenen Waffen: dentibus, cornibus, calcibus!
3. Wie stellt Phaedrus die „dignitas" dar? Hätte er sie nicht anders als durch die schwindende Kraft des sterbenden Löwen ausdrücken können? Warum setzt er eine moralische mit einer biologisch-vitalen Kraft gleich?
4. Analysieren Sie die Rede des Löwen! Warum beschließt sie das Gedicht?
5. Was ist das „naturae dedecus"?

Der alte Löwe

Ein Löwe, der ein Held in seiner Jugend war,
Lag einsam nun, im höchsten Stufenjahr,
In seiner Höhle hinterwärts.

Zwar fühlt' er noch sein großes Herz
5 Und seinen Heldenmut;

Allein erloschen war der Augen Glut,
Stumpf seine Klau', schwach sein Gehör;
Und Zähne hatt' er gar nicht mehr.
„Ach", sprach er mit sich selbst, „ach, welch ein Held war ich!
10 Welch einer bin ich nun!"
Er runzelt seine Stirn, kriecht langsam, jämmerlich
An einen nahen Bach, den letzten Trunk zu tun!

Er löscht den Durst, nimmt seine Lagerstatt
Am Bach und seufzet: „Ach, wie matt!"

15 Und als der Untertanen Schar,
Die sonst voll Furcht bei seinem Anblick war,
Den mächtigen Monarchen da
Ohnmächtig liegen sah,
Da gingen ihrer viel' und forderten ihn aus.
20 Ein Schimmel sagte: „Komm heraus!"
Ging rückwärts auf ihn los

Und schmiß ihn mit dem Huf;
Ein Stier versetzt' ihm einen Stoß;
Ein Wolf biß ihn: „Herr König, dein Beruf
25 Ist Tapferkeit, auf! wehre dich!"

Er kann nicht, er bereitet sich
Zum nahen Tode. Traurig, stumm
Sieht er sich um:
Hat Abschied von der Welt genommen;
30 Schon stirbt er still!
Ach, aber ach! zu seiner Qual
Sieht er von weitem her den Esel kommen,
Der endlich auch an ihm zum Ritter werden will;
„Nun", seufzt er, „sterb ich siebenmal!"

Johann Wilhelm Ludwig Gleim

1. Gelingt es dem Dichter, der alten, längstbekannten Fabel neue Nuancen zu entlocken?
2. Mit welchen Mitteln wird hier Tierleben anthropomorphisiert, d. h., werden Tiere Träger menschlicher Eigenschaften und Handlungsweisen?
3. Welche niedrigen menschlichen Eigenschaften trifft die Fabel mit ihrer Kritik?
4. Wie könnte man den Tod des Löwen in einer Fabel in anderer Weise ausmalen?

Fabel I 22 Mustela et homo

Mustela ab homine prensa cum instantem necem
Effugere vellet: „Parce, quaeso" inquit „mihi,
Quae tibi molestis muribus purgo domum."
Respondit ille: „Faceres si causa mea,
5 Gratum esset et dedissem veniam supplici.
Nunc quia laboras, ut fruaris reliquiis,
Quas sunt rosuri, simul et ipsos devores,
Noli imputare vanum beneficium mihi."
Atque ita locutus improbam leto dedit.
10 Hoc in se dictum debent illi agnoscere,
Quorum privata servit utilitas sibi
Et meritum inane iactant imprudentibus.

1 **mustela** Wiesel   **prendere** = *prehendere* ergreifen, fangen   **instans** drohend
2 **effugere** entrinnen   **quaeso** bitte!   3 **molestus** lästig   **mus, muris** Maus   **purgare** reinigen   4 **causa mea** meinetwegen   5 **venia** Verzeihung, Gnade   **veniam supplici dare** das Leben schenken   7 **rodere, rosum** nagen   **devorare** verzehren   8 **imputare** anrechnen   9 **leto dare** töten   10 **agnoscere** erkennen   12 **meritum** Verdienst   **inanis** leer, nichtig   **iactare** rühmend nennen

1. Wie setzt der Dichter hier eine psychologische Erkenntnis in Aktion um?
2. Kann man „privata utilitas" und „meritum" immer so genau trennen? Können beide nicht zusammenfallen und trotzdem ihren jeweiligen Sinn erfüllen?
3. Warum tötet der Mensch das Wiesel? Sieht er die Sache nicht einseitig? Paßt also die Geschichte der Fabel zu ihrer Moral?
4. Erklären Sie die relativ lange Rede des Menschen! Wie sind die Mäuse umschrieben? Welchen doppelten Genuß hätte das Wiesel?

Fabel I 23 Canis fidelis

Repente liberalis stultis gratus est,
Verum peritis irritos tendit dolos.
Nocturnus cum fur panem misisset cani,
Obiecto temptans an cibo posset capi:
5 „Heus" inquit „linguam vis meam praecludere,
Ne latrem pro re domini? Multum falleris.
Namque ista subita me iubet benignitas
Vigilare, facias ne mea culpa lucrum."

1 **repente** plötzlich   **liberalis** großzügig   2 **irritus** vergeblich, unnütz   **tendere** spannen *(wie ein Netz, zum Überlisten)*   **dolus** List   3 **nocturnus** in der Nacht   **fur** Dieb   **panis** Brot   4 **obicere** anbieten, hinwerfen   **capere** gewinnen   5 **heus** ach!   **praecludere** abschneiden   **linguam praecludere** das Maul verschließen   6 **latrare** bellen   7 **benignitas** Wohltat   **lucrum** Gewinn

1. Welche Einschränkung gibt die moralische Einleitung der Gültigkeit der Fabel?
2. Worin liegt die Treue dieses Hundes?
3. Welche Wirkung hat die Gabe des Diebes (benignitas)?
4. Durch welche Begriffe wird die moralische Handlungsweise des Hundes (besonders in seiner Rede) umschrieben?
5. Warum sagt der Dieb nichts? Woher weiß der Hund, daß es ein Dieb ist?

Fabel I 24 Rana rupta et bos

Inops, potentem dum vult imitari, perit.

In prato quondam rana conspexit bovem
Et tacta invidia tantae magnitudinis
Rugosam inflavit pellem: tum natos suos
5 Interrogavit, an bove esset latior.
Illi negarunt. Rursus intendit cutem
Maiore nisu et simili quaesivit modo,
Quis maior esset. Illi dixerunt bovem.
Novissime indignata dum vult validius
10 Inflare sese, rupto iacuit corpore.

1 **inops** mittellos, arm, schwach   2 **pratum** Wiese   3 **tangere** treffen   **invidia** Neid   4 **rugosus** runzlig   **inflare** aufblasen   **pellis** Haut   **natus** Kind   5 **latus** beleibt, dick   6 **intendere** spannen   **cutis** Haut   7 **nisus** Anstrengung   **simili modo** ebenso   9 **novissime** zum Schluß   **indignari** böse werden   **validius** fester   10 **rumpi** zerplatzen

1. Welche Unterschiede zwischen den Menschen können auch mit Anstrengung nicht überwunden werden?
2. Wie ist die Fabel erzählt? Worin besteht die Meisterschaft im Kleinen? Wodurch wird der Frosch in das Zentrum der Aufmerksamkeit gestellt? Welche Bedeutung haben im Sprachlichen die Komparative?
3. Inwiefern ist diese Fabel die klassische Darstellung des Neides? Welche Bedeutung hat der Neid im menschlichen Zusammenleben?

Fabel I 26 Vulpes et ciconia

Nulli nocendum: si quis vero laeserit,
Multandum simili iure fabella admonet.
Vulpis ad cenam dicitur ciconiam
Prior invitasse et illi in patina liquidam
5 Posuisse sorbitionem, quam nullo modo
Gustare esuriens potuerit ciconia.
Quae vulpem cum revocasset, intrito cibo
Plenam lagonam posuit: huic rostrum inserens
Satiatur ipsa et torquet convivam fame.
10 Quae cum lagonae collum frustra lamberet,
Peregrinam sic locutam volucrem accepimus:
„Sua quisque exempla debet aequo animo pati."

1 **nocere** schaden 2 **multare** bestrafen 3 **ciconia** Storch 4 **prior** zuerst, früher **patina** Schüssel **liquidus** flüssig 5 **sorbitio** Brühe, Suppe 6 **gustare** kosten, versuchen **esurire** hungern 7 **revocare** wieder (entgegen) einladen **interere** reiben 8 **lagona** Flasche **rostrum** Schnabel **inserere** hineinstecken 9 **satiari** sich sättigen **torquere** quälen **conviva** Gast 10 **collum** Hals **lambere** belecken 11 **peregrinus** wandernd **volucris, -is** *f*. Vogel 12 **sua exempla** Beispiele, die man selbst gibt **aequo animo** mit Gleichmut

1. Inwiefern billigt der Dichter den Streich, den der Storch dem Fuchs spielt?
2. Warum wohl hat der Fuchs dem Storch das Essen in dieser Weise vorgesetzt?
3. Welche Formulierungen bezeichnen die Verschiedenheit der Gefäße und der Speisen? Worin besteht hier der Realismus der Sprache?
4. Wie ist die Lehre, die der Storch dem Fuchs am Schluß gibt, formuliert? Warum haben wir also in dieser Fabel zwei Nutzanwendungen? Worin unterscheiden sie sich?
5. Wie setzt der Dichter hier das Prinzip der Gegenseitigkeit, das in allen menschlichen Kulturen ein moralisches Grundgesetz ist, in eine streng symmetrische Aktion um? Worin besteht die Klugheit des Storches?

Fabel I 28 Vulpes et aquila

Quamvis sublimes debent humiles metuere,
Vindicta docili quia patet sollertiae.
Vulpinos catulos aquila quondam sustulit
Nidoque posuit pullis, escam ut carperent.
5 Hanc persecuta mater orare incipit,
Ne tantum miserae luctum importaret sibi.
Contempsit illa, tuta quippe ipso loco.
Vulpes ab ara rapuit ardentem facem
Totamque flammis arborem circumdedit,
10 Hosti dolorem damno miscens sanguinis.
Aquila ut periclo mortis eriperet suos
Incolumes natos supplex vulpi tradidit.

1 **quamvis** wie sehr auch   **sublimis** hochgestellt   **humilis** niedrig   2 **vindicta** Rache   **docilis** gelehrig, lernbereit   **patere** offenstehen, möglich sein   **sollertia** Geschick   3 **vulpinus** *Adj.* zu *vulpes (des Fuchses)*   **catulus** Junges, junges Tier   **aquila** Adler   4 **nidus** Nest   **pullus** Junges   **esca** Speise   **carpere** pflücken, verschlingen   5 **persequi** verfolgen   6 **tantus** so groß   **luctus** Trauer, Leid   **importare** antun   7 **quippe** ja, freilich *(begründend)*   8 **ardere** brennen   **fax, facis** *f.* Fackel, Feuerbrand   9 **circumdare** umgeben   10 **damnum** Schaden, Verlust   **sanguis** Blut, Brut, Nachkommenschaft   12 **incolumis** unversehrt   **natus** Kind, Junges   **supplex** bittend

1. Wie wird in dieser Fabel der Unterschied zwischen „sublimes" und „humiles" verstanden, und wie soll er auf die Lebenswirklichkeit der Menschen übertragen werden?
2. Wie stellt der Dichter den abstrakten Gedanken, daß ein Schwächerer einen Stärkeren zur Gerechtigkeit zwingt, durch eine bildhafte Tiergeschichte dar?
3. Warum reagiert der Adler nicht auf die Bitten und Gefühle des Fuchses?
4. Was bedeutet in V. 10: „... hosti dolorem damno miscens sanguinis"?
5. Welcher emotionale Zwang bewegt den Adler, die jungen Füchse herauszugeben?
6. Worauf beruht die klare Zielstrebigkeit in der Erzählung dieser Fabel?
7. Wie erscheint der Charakter der beiden Tiere hier (im Vergleich mit anderen Fabeln)?
8. Welche Lehre erteilt diese Fabel? Interpretieren Sie genau die Aussage von V. 1 + 2!

Buch II   Prologus

Exemplis continetur Aesopi genus;
Nec aliud quicquam per fabellas quaeritur
Quam corrigatur error ut mortalium
Acuatque sese diligens industria.
5 Quicumque fuerit ergo narrandi iocus,
Dum capiat aurem et servet propositum suum,
Re commendatur, non auctoris nomine.
Equidem omni cura morem servabo senis;
Sed si libuerit aliquid interponere,
10 Dictorum sensus ut delectet varietas,
Bonas in partes, lector, accipias velim,
Ita, si rependet illi brevitas gratiam.
Cuius verbosa ne sit commendatio,
Attende, cur negare cupidis debeas,
Modestis etiam offerre, quod non petierint.

1 **continere** + *Abl.* bestehen in   **Aesopi genus** Fabeldichtung   **non aliud quaeritur, quam ut corrigatur ...** es ist nur Ziel (oder Absicht), zu verbessern ...   4 **acuere** schärfen   **diligens** eifrig   6 **aurem capere** das Ohr erfreuen   **propositum** Absicht   7 **commendare** empfehlen   8 **equidem** jedenfalls   **senis** = *Aesopi*   9 **interponere** einschieben, dazwischenschieben   10 **ut varietas verborum sensus delectet**   11 **bonas in partes** zum Guten, günstig   12 **rependere** vergelten, einbringen   **brevitas** Kürze   **gratia** Gunst   13 **verbosus** wortreich, geschwätzig   **commendatio** Empfehlung   14 **attendere** aufmerken   **cupidus** gierig, unverschämt   15 **modestus** bescheiden   **offerre** anbieten   **petierint** *(Fut. II)* = *petiverint* (verlangen)

1. Welchen Zweck verfolgt der Dichter mit seinen Fabeln? Was ist die „diligens industria", die er schärfen möchte?
2. Wie verhalten sich zueinander das „iucundum" und das „utile"?
3. Wieweit möchte Phaedrus dem Vorbild des Aesop nachfolgen? Was erreichte er wohl tatsächlich?
4. Warum kommt es ihm nicht auf „auctoris nomen" (V. 7) an? Ist er darin ehrlich?
5. Wie formuliert Phaedrus seine Captatio benevolentiae an den Leser?
6. Warum arbeitet Phaedrus in diese Vorrede gleich den moralischen Vorspruch zur nächsten Fabel ein? Welchen formalen Vorteil erreicht er dadurch?

Fabel II 1   Iuvencus, leo et praedator

Super iuvencum stabat deiectum leo.
Praedator intervenit partem postulans.
„Darem" inquit „nisi soleres per te sumere":
Et improbum reiecit. Forte innoxius
5 Viator est deductus in eundem locum
Feroque viso rettulit retro pedem.
Cui placidus ille: „Non est quod timeas" ait;
„Et, quae debetur pars tuae modestiae,
Audacter tolle." Tunc diviso tergore
10 Silvas petivit, homini ut accessum daret.
Exemplum egregium prorsus et laudabile;
Verum est aviditas dives et pauper pudor.

7 **placidus** freundlich, gütig   **non est quod** + *Konj.* es besteht kein Grund   8 **modestia** Bescheidenheit   9 **audacter** getrost   **tollere** wegnehmen   **tergus, -oris** *n.* Rückenstück   10 **accessus, -us** Zugang V. 11 *ergänze:* est   **egregius** vorzüglich   **prorsus** völlig, gänzlich   **laudabilis** lobenswert   12 **aviditas** Gier   **pudor** Zurückhaltung, Anstand

1. Inwiefern stellt diese Fabel (nach des Autors Willen) Ideal *und* Wirklichkeit in einer bestimmten Richtung dar (und bietet nicht nur eine Kritik eines Mißstandes oder Fehlers, wie so oft)?
2. Wie nimmt sich der Löwe, der brutal einen Jungstier als Beute getötet hat, als würdevoller Richter über moralische Werte aus?
3. Um welche Werte handelt es sich? Welche sozialen Vorteile bietet die Tugend der Bescheidenheit? In welchem Milieu nur kann sie gedeihen?
4. Wie ist der Bescheidene hier dargestellt? Wie muß man ihn (nach dem Vorbild des Löwen) psychologisch richtig behandeln?
5. Warum bringt nun Phaedrus in dieser interessanten Doppelfabel (praedator und innoxius viator) ein Tier und zwei Menschen zusammen? Wäre es nicht einheitlicher und klarer, wenn der Löwe durch eine menschliche Figur ersetzt würde?
6. Vergleichen Sie den genauen Wortlaut der beiden Reden des Löwen! Warum ist er zum Räuber so viel kürzer? Warum folgt auf „modestiae" gleich „audacter"?
7. Was bedeutet das Verschwinden des Löwen (silvas petivit)?

Fabel II 2 Anus diligens iuvenem, item puella

A feminis utcumque spoliari viros,
Ament, amentur, nempe exemplis discimus.
Aetatis mediae quendam mulier non rudis
Tenebat annos celans elegantia,
5 Animosque eiusdem pulchra iuvenis ceperat.
Ambae, videri dum volunt illi pares,
Capillos homini legere coepere invicem.
Qui se putaret pingi cura mulierum,
Calvus repente factus est; nam funditus
10 Canos puella, nigros anus evellerat.

1 **utcumque** in jedem Fall **spoliare** berauben 2 **nempe** freilich 3 **aetas media** mittlere Jahre **non rudis** gebildet 4 **tenere** gefesselt halten **anni** Alter **celare** verbergen **elegantia** Geschmack 5 **capere** einnehmen 6 **videri pares** gleich erscheinen 7 **capillus** Haar **legere** ausreißen **invicem** abwechselnd 8 **qui ... putaret** während er meinte **pingere** verschönern 9 **calvus** kahlköpfig **funditus** völlig 10 **canus** grau **niger** schwarz **anus** alte Frau **evellere, evelli** ausreißen

1. Welches Verhältnis zwischen Mann und Frau will der Dichter beleuchten? Worin besteht das Satirische dieses kurzen Gedichtes?
2. Warum bringt Phaedrus hier den Mann gerade mit zwei Frauen in Verbindung?
3. Welche beiden Frauentypen erscheinen hier?
4. Warum wollen die Frauen, daß der Mann ihnen gleiche?
5. Welche Diskrepanz zwischen Illusion und Wirklichkeit erlebt der Mann?
6. Werten Sie das „Ament, amentur" des Vorspruchs aus! Warum muß der Mann unter den Frauen so sehr leiden?
7. Was drückt diese kleine Satire symbolisch aus? Warum sind als Beispiel für das Ausplündern des Mannes (spoliari viros) gerade die Haare genommen? Wie muß man sich das Ausreißen der Haare durch *zwei Frauen* vorstellen?
8. Gibt das Gedicht ein Stückchen Lebensrealismus oder ein grundsätzliches ungerechtfertigtes Vorurteil gegenüber Frauen wieder?

Fabel II 5 Caesar ad atriensem

Est ardalionum quaedam Romae natio,
Trepide concursans, occupata in otio,
Gratis anhelans, multa agendo nil agens,
Sibi molesta et aliis odiosissima.
5 Hanc emendare, si tamen possum, volo
Vera fabella; pretium est operae attendere.
Caesar Tiberius cum petens Neapolim
In Misenensem villam venisset suam,
Quae monte summo posita Luculli manu
10 Prospectat Siculum et perspicit Tuscum mare:
Ex alticinctis unus atriensibus,
Cui tunica ab umeris linteo Pelusio
Erat destricta, cirris dependentibus,
Perambulante laeta domino viridia,
15 Alveolo coepit ligneo conspergere
Humum aestuantem, come officium iactitans;
Sed deridetur. Inde notis flexibus
Praecurrit alium in xystum, sedans pulverem.
Agnoscit hominem Caesar remque intellegit.
20 Is ut putavit esse nescio quid boni:
„Heus!" inquit dominus. Ille enimvero assilit,
Donationis alacer certae gaudio.

atriensis Hausdiener   1 **ardalio** (gr. ἄρδαλος) Nichtstuer, der sich geschäftig gibt   **natio** Stamm, Art   2 **trepide** ängstlich, eilig   **concursare** herumlaufen   **occupatus** beschäftigt   3 **gratis** umsonst   **anhelare** keuchen   4 **odiosus** verhaßt   5 **emendare** verbessern, bekehren   6 **pretium operae est** es lohnt die Mühe   **attendere** aufpassen   8 **Misenensis villa** Landhaus in Misenum *(Hafenstadt südlich von Cumae in Kampanien, auf einem Vorgebirge der Bucht von Neapel)*   9 **Lucullus, Licinius** *106–56 v. Chr.* Feldherr im Bundesgenossenkrieg und im Mithridatischen Krieg 73–66, Gegner des Pompeius   10 **prospectare** Aussicht bieten   **Siculum mare** das Sizilische Meer   **perspicere** überblicken (lassen)   **Tuscum mare** das Tyrrhenische Meer *(westlich von Italien)*   11 **alticinctus** hochgeschürzt *(um besser arbeiten zu können)*   **atriensis** Hausdiener   12 **umerus** Schulter   **linteum** Leinen   **Pelusius** aus Pelusium *(in Unterägypten)*   13 **destringere, destrictus** herabstreichen *(faltenlos glatt herabhängend)*   **cirrus** Franse   **dependere** herabhängen   14 **perambulare** durchwandeln   **viridis** grün   **viridia** Laubengänge im Park   15 **alveolus** Wanne, Gefäß   **ligneus** hölzern   **conspergere** besprengen   16 **humus** Erde   **aestuare** von der Hitze leiden, ausgetrocknet sein   **comis** freundlich   **officium** Gefälligkeit   **iactitare** sich rühmend nennen   17 **deridere** auslachen   **flexus, -us** Biegung des Weges   18 **praecurrere** voreilen   **xystus** Säulengang, Terrasse   **sedare** stillen, vertreiben   **pulvis, -eris** Staub   20 **nescio quid boni** irgendetwas Gutes   21 **enimvero** in der Tat, aber freilich   **assilire** herbeilaufen   22 **donatio** Schenkung *(wohl der Freiheit für den Sklaven)*   **alacer** munter, freudig

Tum sic iocata est tanta maiestas ducis:
„Non multum egisti et opera nequiquam perit;
25 Multo maioris alapae mecum veneunt."

23 **iocari** scherzen   **maiestas** Hoheit   24 **opera** Mühe   **nequiquam** vergeblich
25 **multo maioris** *(Gen. pretii)* viel teurer   **alapa** Ohrfeige *(die der Herr dem Sklaven bei der Freilassung gab)*   **venire** verkauft werden

1. Interpretieren Sie vor allem den langen Vorspruch als Bild und Kritik einer bestimmten Menschenklasse, wie sie im damaligen Rom auffiel!
2. Trifft diese Zeitkritik des Phaedrus auch heutige Verhältnisse?
3. Welche eigenen Erfahrungen des Dichters gingen wohl in die Szene ein? Welche realistischen Elemente enthält sie?
4. Finden Sie die Person des Dieners rührend oder lächerlich? Wie ist dieser Mensch dargestellt?
5. Wem gehört die Sympathie des Dichters? Ist er hier von Vorurteilen bestimmt?

Fabel II 8   Cervus ad boves

Cervus nemorosis excitatus latibulis,
Ut venatorum fugeret instantem necem,
Caeco timore proximam villam petit
Et opportuno se bovili condidit.
5 Hic bos latenti: „Quidnam voluisti tibi,
Infelix, ultro qui ad necem cucurreris
Hominumque tecto spiritum commiseris?"
At ille supplex: „Vos modo" inquit „parcite;
Occasione rursus erumpam data."
10 Spatium diei noctis excipiunt vices.
Frondem bubulcus adfert, nil ideo videt.
Eunt subinde et redeunt omnes rustici,
Nemo animadvertit: transit etiam vilicus,
Nec ille quicquam sentit. Tum gaudens ferus
15 Bubus quietis agere coepit gratias,
Hospitium adverso quod praestiterint tempore.
Respondit unus: „Salvum te cupimus quidem;
Sed ille, qui oculos centum habet, si venerit,
Magno in periclo vita vertetur tua."
20 Haec inter ipse dominus a cena redit
Et quia corruptus viderat nuper boves,
Accedit ad praesepe: „Cur frondis parum est,
Stramenta desunt? Tollere haec aranea
Quantum est laboris?" Dum scrutatur singula,
25 Cervi quoque alta conspicatur cornua;
Quem convocata iubet occidi familia
Praedamque tollit. Haec significat fabula,
Dominum videre plurimum in rebus suis.

1 **nemorosus** im Wald   **excitare** aufscheuchen   **latibulum** Versteck   2 **venator** Jäger   **instans** drohend   **nex** Tod   3 **caecus** blind   4 **opportunus** günstig   **bovile** Rinderstall   **condere** verbergen   5 **quidnam** was denn eigentlich?   **sibi velle** erwarten   6 **ultro** von selbst   7 **tectum** Haus   **spiritus** *hier:* Leben   **committere** anvertrauen   8 **supplex** bittend   9 **erumpere** ausbrechen   10 **spatium** Zeitraum   **excipere** ablösen   **vices** *(pl.)* Wechsel, Ablösung   11 **frons, frondis** Laub *(zur Streu)*   **bubulcus** Rinderhirt   **ideo** deswegen (trotzdem)   12 **subinde** danach   13 **animadvertere** bemerken   **vilicus** Verwalter   15 **quietus** ruhig (schweigend)   **gratias agere** danken   16**hospitium praestare** Obdach gewähren   **adverso tempore** in der Notzeit   17 **salvus** heil *(sc. esse)*   19 **periclum** = *periculum*   **verti** schweben   21 **corruptus** *etwa:* zu mager   22 **parum** *(+ Gen.)* zu wenig   23 **stramentum** Streu   **aranea** Spinnwebe   24 **scrutari** durchforschen   **singula** die Einzelheiten   25 **conspicari** erblicken   26 **convocare** zusammenrufen   **occidere** töten   **familia** Dienerschaft   27 **significare** bedeuten

1. Welche realistischen Züge enthält die längere Szene aus dem Bauernleben?
2. Wie nimmt sich die Irrealität des Fabelgeschehens in dieser Umgebung aus? Ist es noch eine echte Fabel, wenn Menschen und Tiere zusammen auftreten (sonst vertreten Tiere die Menschen)?
3. Was geschieht jeweils auf den beiden Ebenen, der menschlichen und der tierischen? Wie verbinden sich die beiden?
4. Warum sind die Ochsen klüger als der Hirsch?
5. Deutet die moralische Quintessenz V. 27 f. den ganzen Gehalt der Fabel aus?
6. Woran wird der Hirsch erkannt? Was bedeutet dies?

Buch II Epilogus

Aesopi ingenio statuam posuere Attici
Servumque collocarunt aeterna in basi,
Patere honoris scirent ut cuncti viam
Nec generi tribui, sed virtuti gloriam.
5 Quoniam occuparat alter ne primus foret,
Ne solus esset studui; quod superfuit:
Nec haec invidia, verum est aemulatio.
Quod si labori faverit Latium meo,
Plures habebit, quos opponat Graeciae.
10 Si livor obtrectare curam voluerit,
Non tamen eripiet laudis conscientiam.
Si nostrum studium ad aures pervenit tuas
Et arte fictas animus sentit fabulas,
Omnem querelam submovet felicitas.
15 Sin autem doctus illis occurrit labor,
Sinistra quos in lucem natura extulit
Nec quicquam possunt nisi meliores carpere,
Fatale exitium corde durato feram,
Donec fortunam criminis pudeat sui.

1 **ingenium** Begabung, Talent 2 **servum** *Äsop war ein griechischer Sklave* **aeternus** verewigend, unsterblich machend **basis, -is** Sockel 3 **ut cuncti scirent ...** + *A.c.I.* **patere** offenstehen 4 **genus** Abstammung 5 **occuparat** *(= occupaverat) sc.* den ersten Platz *(ne alter primus esset)* 6 **studui, ne solus esset:** *Phaedrus bemühte sich, neben Äsop den zweiten Platz zu bekommen* **superesse** noch möglich sein 7 **aemulatio** Nacheiferung 8 **quod si** wenn aber **favere, favi** gewogen sein 9 **plures habebit** *seit Beginn der römischen Literatur bemühten sich die römischen Dichter und Schriftsteller darum, Werke zu schaffen, die den Griechen gleichwertig sind und die man mit nationalem Stolz denen der Griechen gegenüberstellen kann:* **quos opponat Graeciae** 10 **livor** Blässe des Neides **obtrectare** herabsetzen 11 **eripere** entreißen **conscientia** Bewußtsein 13 **fingere, fictus** dichten 14 **querela** Klage **submovere** entfernen **felicitas** Glück 15 **illis** *auf* fabulas *in V. 13 bezogen* **occurrere** begegnen **doctus labor** *gemeint sind die gelehrten Kritiker* 16 **sinister** ungnädig, hämisch **in lucem efferre** zur Welt bringen 17 **carpere** zerpflücken, quälen 18 **fatalis** vom Schicksal gegeben **exitium** Ausgang, Ende, Unheil **corde durato** geduldig, mutig 19 **crimen** Vergehen (oder: Kritiksucht) **pudet aliquem alicuius rei** „es beschämt einen wegen etwas": sich schämen wegen

1. Inwiefern vertritt die Vorstellung und Besprechung der Aesop-Statue in diesem Gedicht das Fabel-Element und befriedigt den Sinn des Dichters für realistische Bildhaftigkeit?
2. Inwieweit könnte man die Besprechung der Persönlichkeit des Aesop als verhüllte Selbstdeutung des Phaedrus auffassen?
3. Welche Bedeutung hat Aesop für Phaedrus? Warum beginnt das Gedicht mit seinem Namen? Suchen Sie die Erwähnungen Aesops in anderen Fabeln, und benützen Sie sie zur Erklärung dieses Gedichtes!
4. Welchen Anspruch erhebt Phaedrus für sich als Dichter?
5. Zu welchem Zweck hat Phaedrus gedichtet?
6. Worauf beruht des Dichters Selbstbewußtsein?
7. Wie verwertet Phaedrus hier – in eigener Sache – psychologische Erkenntnisse?
8. Wie stellt er Literaturkritik dar, und wie stellt er sich zu ihr? Warum wohl sieht er die Arbeit des Kritikers nicht positiver?

Fabel III 7 Lupus ad canem

Quam dulcis sit libertas, breviter proloquar.
Cani perpasto macie confectus lupus
Forte occucurrit. Dein salutati invicem
Ut restiterunt: „Unde sic, quaeso, nites?
5 Aut quo cibo fecisti tantum corporis?
Ego, qui sum longe fortior, pereo fame."
Canis simpliciter: „Eadem est condicio tibi,
Praestare domino si par officium potes."
„Quod?" inquit ille. „Custos ut sis liminis,
10 A furibus tuearis et noctu domum."
„Ego vero sum paratus: nunc patior nives
Imbresque in silvis asperam vitam trahens:
Quanto est facilius mihi sub tecto vivere,
Et otiosum largo satiari cibo?"
15 „Veni ergo mecum." Dum procedunt, aspicit
Lupus a catena collum detritum cani.
„Unde hoc, amice?" „Nihil est." „Dic quaeso tamen."
„Quia videor acer, alligant me interdiu,
Luce ut quiescam et vigilem, nox cum venerit:
20 Crepusculo solutus, qua visum est, vagor.
Affertur ultro panis; de mensa sua
Dat ossa dominus; frusta iactat familia
Et, quod fastidit quisque, pulmentarium.
Sic sine labore venter impletur meus."
25 „Age, si quo abire est animus, est licentia?"
„Non plane est" inquit. „Fruere, quae laudas, canis:
Regnare nolo, liber ut non sim mihi."

1 **proloqui** verkünden   2 **perpastus** gemästet   **macies** Magerkeit   3 **occucurrit** = *occurrit*   **invicem** gegenseitig, einander   4 **resistere, restiti** stehen bleiben   **nitere** glänzend aussehen   5 **tantum corporis** solche Wohlbeleibtheit   7 **simpliciter** einfältig, naiv   8 **praestare officium** Dienst oder Gefallen erweisen   9 **custos** Wächter   **limen, -inis** *n.* Schwelle, Tür   10 **noctu** nachts   11 **nix, -nivis** *f.* Schnee   12 **imber** Regen   **asper** rauh   **vitam trahere** ein Leben fristen oder dahinschleppen   14 **otiosus** müßig, im Nichtstun   **largus** reichlich   **satiari** sich sättigen   16 **catena** Kette   **collum** Hals   **deterere, detritum** (ab-)reiben   18 **acer** feurig, bissig, scharf   **alligare** anbinden   **interdiu** tagsüber   19 **luce** bei Tag   **vigilare** wachen   20 **crepusculum** Dämmerung   **qua visum est** wo oder wohin es mir gefällt   22 **os, ossis** *n.* Knochen   **frustum** Streifen, Bissen   23 **fastidire** verschmähen   **pulmentarium** Zukost, Fleisch   25 **est animus** *sc. tibi* hast Lust   **licentia** Freiheit, Erlaubnis   26 **plane** bei weitem, überhaupt

1. Studieren Sie hier, wie der Dichter den Begriff der Freiheit in Aktion umsetzt!
2. Wie ist der Dialog geführt? Wodurch wird das Gespräch lebendig?
3. Warum möchte der Hund das Wesen und die Zeichen seiner Unfreiheit verbergen? Wie tut er dies?
4. Geben Sie eine kleine vergleichende Biographie von Hund und Wolf! Welche Details der Realität beschreiben die beiden Lebensformen?
5. Definieren Sie nach dieser Fabel Freiheit und Unfreiheit! Welchen Preis kostet die Freiheit? Welche Begriffe werden für die Freiheit und ihr Gegenteil benutzt?

Fabel III 8 Soror ad fratrem

Praecepto monitus saepe te considera.
Habebat quidam filiam turpissimam
Idemque insignem pulchra facie filium.
Hi, speculum in cathedra matris ut positum fuit,
5 Pueriliter ludentes forte inspexerunt.
Hic se formosum iactat: illa irascitur
Nec gloriantis sustinet fratris iocos,
Accipiens – quid enim? – cuncta in contumeliam.
Ergo ad patrem decurrit laesura invicem
10 Magnaque invidia criminatur filium,
Vir natus quod rem feminarum tetigerit.
Amplexus ille utrumque et carpens oscula
Dulcemque in ambos caritatem partiens:
„Cotidie" inquit „speculo vos uti volo:
15 Tu formam ne corrumpas nequitiae malis;
Tu faciem ut istam moribus vincas bonis."

1 **praeceptum** Lehre **considerare** prüfen 3 **insignis** ausgestattet, ausgezeichnet **facies** Gesicht 4 **cathedra** Toilettentischchen 5 **pueriliter** in kindlicher Weise **inspicere** hineinsehen, sich darin betrachten 6 **formosus** schön **se iactare** + *A. c. I.* sich brüsten, großtun daß *(ergänze: esse)* **irasci** zürnen 7 **gloriari** sich rühmen 8 **quid enim?** *etwa:* wie soll es sonst sein? **contumelia** Schande, Schimpf 9 **decurrere** hinlaufen **laesura invicem** um ihm auch wieder wehzutun 10 **invidia** Gehässigkeit **criminari** anklagen 11 **vir natus** zum Mann geboren 12 **amplecti** umarmen **oscula carpere** Küsse nehmen (und geben) 13 **caritas** Vaterliebe 15 **corrumpere** verderben **nequitia** Nichtsnutzigkeit, schlechter Charakter **malum** Übel, Fehler 16 **mores boni** gute Wesensart **vincere** überwinden, wettmachen

1. Vergleichen Sie die Rolle des Spiegels mit der Bedeutung des Spiegelbildes in I 12 und I 4! Welche moralische Bedeutung kommt dem Spiegelbild zu? Welche Selbsterkenntnis ermöglicht es, und wie wirkt sich solche Selbsterkenntnis jeweils aus?
2. Welche Unterschiede zwischen „Männlich" und „Weiblich" werden hier gemacht? Liegt die Vorstellung eines fest geprägten Rollenverhaltens zugrunde?
3. Welche Gründe werden in dieser sehr menschlichen Fabel angesprochen?
4. Welche moralischen Werte erscheinen als Ideal?
5. Was bedeutet der dualistische Kontrast zwischen „Schön" und „Häßlich" auf ethischem Gebiet?

6. Wie wird die Zweiheit der Personen, deren gegensätzliches Verhalten gezeigt wird (Bruder und Schwester), in eine Doppelheit von Moralvorstellungen übertragen, in ein Schweben zwischen zwei extremen Verhaltensweisen? Worin besteht dann das richtige Verhalten? Wie verhält sich äußere zu innerer Schönheit?
7. Welche allgemeine Lehre kann jeder täglich (V. 1 saepe, V. 14 cotidie) aus der Fabel beziehen?

Fabel III 9 Socrates ad amicos

Vulgare amici nomen, sed rara est fides.
Cum parvas aedes sibi fundasset Socrates
(Cuius non fugio mortem, si famam assequar,
Et cedo invidiae, dummodo absolvar cinis),
5 Ex populo sic nescio quis, ut fieri solet:
„Quaeso, tam angustam talis vir ponis domum?"
„Utinam" inquit „veris hanc amicis inpleam!"

1 **vulgaris** weit verbreitet   2 **aedes, -ium** Haus   **fundare** gründen, bauen   **Socrates** bedeutender griechischer Philosoph, der 469–399 in Athen lebte; er philosophierte unermüdlich in den Straßen und auf den Plätzen seiner Heimatstadt, schrieb aber keine Bücher, er wurde wegen „Gottlosigkeit" und „Verderbnis der Jugend" zum Tode verurteilt und hingerichtet, was einem Justizmord gleichkam: die Masse der Athener verstand nicht seine großartige ethische Botschaft   3 **fugere** vermeiden   **assequi** erreichen   4 **invidia** Haß   **cedere** weichen, hinnehmen   **dummodo** + Konj. wenn nur   **absolvere** freisprechen   **cinis** Asche („nach dem Tode")   5 **nescio quis** irgend einer   7 **implere** anfüllen

1. Wie setzt der Dichter das Thema der Seltenheit wahrer Freundschaft in eine Fabel um?
2. Welches Sokrates-Bild ergibt sich aus der kurzen Fabel?
3. Wie stellt sich der Dichter zu Sokrates? Warum fügt er in die kurze Fabel die Verse 3 + 4 ein?
4. Welchen Symbolgehalt hat das kleine Haus, welches ist seine realistische Begründung?
5. Analysieren Sie den kleinen Dialog zwischen dem „nescio quis" und Sokrates! Von welchem paradoxen Kontrast lebt er?

Fabel III 10   Poeta de credere et non credere

Periculosum est credere et non credere.
Utriusque exemplum breviter exponam rei.
Hippolytus obiit, quia novercae creditum est;
Cassandrae quia non creditum, ruit Ilium.
5 Ergo exploranda est veritas multum, prius
Quam stulta prave iudicet sententia.
Sed fabulosam ne vetustatem elevem,
Narrabo tibi memoria quod factum est mea.
Maritus quidam cum diligeret coniugem
10 Togamque puram iam pararet filio,
Seductus in secretum a liberto est suo,
Sperante heredem suffici se proximum.
Qui cum de puero multa mentitus foret
Et plura de flagitiis castae mulieris,
15 Adiecit id, quod sentiebat maxime
Doliturum amanti, ventitare adulterum
Stuproque turpi pollui famam domus.
Incensus ille falso uxoris crimine
Simulavit iter ad villam clamque in oppido
20 Subsedit; deinde noctu subito ianuam
Intravit, recta cubiculum uxoris petens,
In quo dormire mater natum iusserat,
Aetatem adultam servans diligentius.

2 **exponere** auseinandersetzen, vortragen   3 **obire** sterben   **noverca** Stiefmutter *Phaedra, die Frau des Theseus, liebte dessen Sohn Hippolytus, wurde aber von ihm abgewiesen; um sich zu rächen, beschuldigte sie Hippolytus bei Theseus, er habe sie verführen wollen; Theseus bat Poseidon, den Sohn zu vernichten, worauf dieser ihn von einem Meeresungeheuer zu Tode hetzen ließ.*   4 **Cassandra**, *Tochter des Trojanerkönigs Priamus, weissagte den Untergang Trojas, doch niemand glaubte ihr; dies die Strafe des Apollo für verschmähte Liebe*   **Ilium** Troja   **ruere** stürzen, fallen   5 **explorare** erkunden, erforschen   6 **prave** *(Adv.)* schlecht, falsch   **sententia** Meinung   7 **fabulosus** märchengläubig   **vetustas** Altertum   **elevare** erheben, preisen   8 **memoria mea** zu meiner Zeit   9 **maritus** Ehemann   10 **toga pura** Erwachsenentoga *(ohne Purpurstreifen, wie bei Minderjährigen)*   11 **seducere** beiseite führen   **in secretum** ins Geheime, abseits   **libertus** Freigelassener   12 **heres, -edis** Erbe   **sufficere** einsetzen   13 **mentiri** lügen   14 **flagitium** Schandtat   **castus** keusch, treu   15 **adicere** hinzufügen   16 **dolere** + *Dat.* schmerzen   **ventitare** oft oder regelmäßig kommen   **adulter** Ehebrecher   17 **stuprum** Ehebruch   **turpis** schändlich   **polluere** beflecken   18 **incendere** entzünden, erzürnen   **crimen** Vorwurf, Beschuldigung   19 **simulare** vortäuschen   20 **subsidere, -sedi** sich niederlassen   **ianua** Tür   21 **recta** *(sc. via)* geradewegs   **petere** aufsuchen   23 **aetas adulta** das gerade erst erwachsene Alter: Jugendalter   **servare** überwachen

Dum quaerunt lumen, dum concursant familia,
25 Irae furentis impetum non sustinens
Ad lectum accedit, temptat in tenebris caput.
Ut sentit tonsum, gladio pectus transigit,
Nihil respiciens, dum dolorem vindicet.
Lucerna adlata, simul aspexit filium
30 Sanctamque uxorem dormientem cubiculo,
Sopita primo quae nil somno senserat;
Repraesentavit in se poenam facinoris
Et ferro incubuit, quod credulitas strinxerat.
Accusatores postularunt mulierem
35 Romamque pertraxerunt ad centumviros.
Maligna insontem deprimit suspicio,
Quod bona possideat. Stant patroni fortiter
Causam tuentes innocentis feminae.
A Divo Augusto tunc petiere iudices,
40 Ut adiuvaret iuris iurandi fidem,
Quod ipsos error implicuisset criminis.
Qui postquam tenebras dispulit calumniae
Certumque fontem veritatis repperit:
„Luat" inquit „poenas causa libertus mali;
45 Namque orbam nato simul et privatam viro
Miserandam potius quam damnandem existimo.
Quod si delata perscrutatus crimina
Paterfamilias esset, si mendacium
Subtiliter limasset, a radicibus
50 Non evertisset scelere funesto domum."

24 **concursare** zusammenlaufen *(-ant nach dem Sinn konstruiert: familia ist ein pluralischer Kollektivbegriff „Gesinde")* 26 **ira furens** rasender Jähzorn **impetus, -us** Regung, Leidenschaft **sustinere** ertragen **temptare** ertasten 27 **tonsum** *(sc: caput)* kurzgeschnittenes Haar **transigere** durchbohren 28 **respicere** berücksichtigen **dum + Konj.** wenn nur **vindicare** rächen 29 **simul** sobald 30 **sanctus** keusch **cubiculum** Schlafzimmer 31 **sopire** einschläfern 32 **repraesentare in se** auf sich nehmen 33 **ferro incumbere** sich ins Schwert stürzen **credulitas** Leichtgläubigkeit **stringere** zücken 34 **accusator** Ankläger 35 **pertrahere** schleppen, zerren **centumviri** Hundertmänner *(ein Zivilgericht von zunächst 105, später 180 Richtern)* 36 **malignus** bösartig **insons** unschuldig **deprimere** überwältigen **suspicio** Verdacht 37 **bona** das Vermögen des Ehemannes **patronus** Verteidiger 39 **Divus Augustus** Kaiser Augustus 40 **ius iurandi** Amtseid *(des Richters)* 41 **implicare** einwickeln, verwirren 42 **dispellere** zerstreuen **calumnia** Verleumdung 44 **causa mali praedikativ!** 45 **orbus** verwaist und verwitwet **privare** berauben 46 **miserari** beklagen 47 **deferre** über-, hinterbringen **perscrutari** durchforschen, prüfen 48 **mendacium** Lüge 49 **subtiliter** scharfsinnig, genau **limare** feinsinnig ergründen **a radicibus** von Grund auf 50 **evertere** zerstören **funestus** verderblich, tödlich

Nil spernat auris, nec tamen credat statim.
Quandoquidem et illi peccant, quos minime putes,
Et qui non peccant, impugnantur fraudibus.
Hoc admonere simplices etiam potest,
55 Opinione alterius ne quid ponderent:
Ambitio namque dissidens mortalium
Aut gratiae subscribit aut odio suo.
Erit ille notus quem per te cognoveris.
Haec exsecutus sum propterea pluribus,
60 Brevitate nimia quoniam quosdam offendimus.

52 **quandoquidem** denn **peccare** Fehler machen   53 **impugnare** angreifen   55 **opinio** Meinung   **ponderare** abwägen, beurteilen   56 **ambitio** Ehrgeiz   **dissidere** abweichen, verschieden sein   57 **gratia** Vorliebe   **subscribere** bestätigen   58 **per te** selbst, persönlich   59 **exsequi** ausführen   **pluribus** sc. verbis ausführlicher, länger   60 **offendere** Anstoß erregen

1. Bietet die Länge dieses Gedichtes dem Dichter Vorteile?
2. Wie sind die auftretenden Personen zu charakterisieren?
3. Welche Motivationen treiben die Handlung voran? Wie ist das Erzähltempo gehalten?
4. Woran merkt man, daß es sich sozusagen um eine Novelle mit moralischparadigmatischer Lehrhaftigkeit handelt? Gibt es dementsprechende Unwahrscheinlichkeiten?
5. Welche Rolle spielt in der ganzen Geschichte Augustus? Warum muß er am Schluß auftreten? Durch welche Eigenschaft ragt er hervor?
6. Worin besteht das richtige Verhältnis zur Wahrheit? Wie kann man Fehler und Vorurteile vermeiden?

Fabel III 14   De lusu et severitate

Puerorum in turba quidam ludentem Atticus
Aesopum nucibus cum vidisset, restitit
Et quasi delirum risit. Quod sensit simul
Derisor potius quam deridendus senex,
5 Arcum retensum posuit in media via:
„Heus!" inquit „sapiens, expedi, quid fecerim!"
Concurrit populus. Ille se torquet diu
Nec quaestionis positae causam intellegit.
Novissime succumbit. Tum victor sophus:
10 „Cito rumpes arcum, semper si tensum habueris;
At si laxaris, cum voles erit utilis.
Sic lusus animo debent aliquando dari,
Ad cogitandum melior ut redeat tibi."

1 **turba** Schar   **Atticus** Attiker, Athener   2 **nux, -cis** Nuß   **resistere** stehen bleiben
3 **quasi** wie, in der Meinung, daß er ... wäre   **delirus** verrückt, töricht   4 **derisor**
Spötter   **deridere** verlachen   5 **arcus** Bogen   **retendere** ab-, entspannen   6 **heus!**
he! hallo!   **expedire** erklären   7 **se torquere** sich quälen, sich mühen   8 **quaestionem
ponere** eine Frage stellen 9 **novissime** schließlich   **succumbere** erliegen, sich ergeben
victor siegreich   **sophus** (gr. σοφός) Weiser   10 **cito** schnell   **tensus** gespannt
11 **laxaris** = *laxaveris* (lockern, entspannen)   12 **lusus, -us** Spiel   13 **cogitare**
(nach-)denken

1. Wie setzt der Dichter das Thema vom Wert der Muße in ein prägnantes Symbol um?
2. Wie wird der Wert der Muße dargestellt, warum wird Aesop selbst beschworen? Wie entsteht seine Fabel?
3. Wie ist Weisheit verschlüsselt, und warum? Wann gibt der Weise den Schlüssel zur Weisheit preis?
4. Warum erscheint die Weisheit des Weisen dem normalen Menschen als Torheit?
5. Was bedeutet in V. 4: „derisor potius quam deridendus'"? Wie werden Ernst und Scherz formuliert?

Fabel III 18 Pavo ad Iunonem de voce sua

Pavo ad Iunonem venit, indigne ferens
Cantus luscinii quod sibi non tribuerit;
Illum esse cunctis avibus admirabilem,
Se derideri simul ac vocem miserit.
5 Tunc consolandi gratia dixit dea:
„Sed forma vincis, vincis magnitudine;
Nitor smaragdi collo praefulget tuo
Pictisque plumis gemmeam caudam explicas."
„Quo mi" inquit „mutam speciem, si vincor sono?"
10 „Fatorum arbitrio partes sunt vobis datae:
Tibi forma, vires aquilae, luscinio melos,
Augurium corvo, laeva cornici omina,
Omnesque propriis sunt contentae dotibus.
Noli affectare quod tibi non est datum,
15 Delusa ne spes ad querelam recidat."

1 **pavo** Pfau   **indigne ferre** = *indignari* ungehalten sein   2 **cantus, -us** Gesang   **luscinius** Nachtigall   **admirabilis** + *Dat.* bewundernswert für, bewundert von   4 **mittere vocem** die Stimme ertönen lassen   5 **consolari** trösten   6 **sed** *bezieht sich auf das vom Pfau Vorgebrachte*   7 **nitor** Glanz   **smaragdus** Smaragd, grüner Edelstein (gr. σμάραγδος)   **praefulgere** hervorstrahlen   8 **pictus** bunt   **pluma** Feder   **gemmeus** wie mit Edelsteinen besetzt   **cauda** Schweif   **explicare** entfalten, auftun   9 **quo** wozu?   **mi** = *mihi*   **mutus** stumm   **species** Schönheit *(speciem: ergänze etwa dedisti)*   **sonus** Klang, Gesang   10 **arbitrium** Schiedsspruch   **partes dare** Gaben verteilen, jedem sein Teil geben   11 **forma** Schönheit   **aquila** Adler   **melos** (gr. μέλος) Gesang   12 **augurium** Weissagefähigkeit   **corvus** Rabe   **laevus** links, ungünstig   **cornix, -icis** Krähe   **omen, -inis** *n.* Vorzeichen   13 **proprius** eigen   **contentus** zufrieden   **dos, dotis** *f.* Mitgift, Gabe   14 **affectare** erstreben   15 **querela** Klage   **recidere** zurückfallen

1. Warum werden in dieser Fabel Gott und Tier und gerade der Pfau mit Hera zusammengebracht?
2. Welche Bedeutung hat hier die Form des Dialoges? Wie ist der Dialog geführt?
3. Wie wird hier die Schönheit des Pfaues dichterisch dargestellt?
4. Wie verhält sich die Macht eines Gottes zu der des Schicksals (V. 10 Fatorum arbitrio)? Welche Funktion haben die Götter?
5. Kann die Antwort der Göttin dem Pfau wirklich Trost spenden (V. 5: consolandi gratia dixit)?
6. Welche Bedeutung für ein glückliches Leben hat die Zufriedenheit?
7. Auf welcher Einsicht kann Zufriedenheit beruhen?
8. Ist die moralische Anwendung auf die Fabel passend, oder wertet sie sie in zu enger Weise aus (delusa ... spes, querela)?

Fabel III 19   Aesopus respondet garrulo

Aesopus domino solus cum esset familia,
Parare cenam iussus est maturius.
Ignem ergo quaerens aliquot lustravit domus,
Tandemque invenit ubi lucernam accenderet.
5 Tum circumeunti fuerat quod iter longius
Effecit brevius: namque recta per forum
Coepit redire. Et quidam e turba garrulus:
„Aesope, medio sole quid cum lumine?"
„Hominem" inquit „quaero" et abiit festinans domum.
10 Hoc si molestus ille ad animum rettulit,
Sensit profecto se hominem non visum seni,
Intempestive qui occupato alluserit.

1 **familia** Dienerschaft *(Prädikatsnomen)*   2 **maturius** früher (als sonst)   3 **aliquot** mehrere   **lustrare** besuchen   4 **ubi ... accenderet** wo er anzünden konnte   5 **circumire** einen Umweg machen   6 **efficere** zurücklegen   **brevius** *sc. iter*   **recta** *(via)* geradewegs   7 **turba** Volksmenge   **garrulus** Schwätzer   8 **medio sole** im vollen Sonnenlicht   9 **festinare** eilen   10 **ad animum referre** sich zu Herzen nehmen   11 **profecto** tatsächlich   12 **intempestive** unzeitig, zur Unzeit   **occupatus** beschäftigt   **alludere, -lusi** verspotten

1. Wie wird das Anzünden der Laterne am hellen Tage rationalistisch begründet? Was verliert die Handlungsweise dessen, der am Tage mit brennender Laterne umherläuft, durch diese Rationalisierung?
2. Wozu dient die Abänderung des Rückweges?
3. Paßt in diesen Zusammenhang die lapidare Antwort: „Hominem quaero"? Wie kommt Aesop darauf?
4. Warum bezieht der Dichter die Lehre, die aus der Fabel zu gewinnen ist, auf den „garrulus" und nicht allgemein auf alle Menschen?
5. Erklären Sie vor allem die letzte Zeile in der Nutzanwendung des Dichters! Wie wirkt die Antwort des Aesop auf den unangenehmen Frager?
6. Welche Selbst-Erkenntnis kann der (moderne) Leser der Fabel entnehmen?

Fabel IV 11 Fur et lucerna

Lucernam fur accendit ex ara Iovis
Ipsumque compilavit ad lumen suum.
Onustus qui sacrilegio cum discederet,
Repente vocem sancta misit Religio:
5 „Malorum quamvis ista fuerint munera
Mihique invisa, ut non offendar surripi,
Tamen, sceleste, spiritu culpam lues,
Olim cum ascriptus venerit poenae dies.
Sed ne ignis noster facinori praeluceat,
10 Per quem verendos excolit pietas deos,
Veto esse tale luminis commercium."
Itaque hodie nec lucernam de flamma deum
Nec de lucerna fas est accendi sacrum.
Quot res contineat hoc argumentum utiles,
15 Non explicabit alius, quam qui repperit.
Significat primo saepe quos ipse alueris,
Tibi inveniri maxime contrarios;
Secundum ostendit scelera non ira deum,
Fatorum dicto sed puniri tempore;
20 Novissime interdicit, ne cum malefico
Usum bonus consociet ullius rei.

1 **lucerna** Laterne **fur** Dieb **accendere** anzünden 2 **ipsum** = *Iovem* **compilare** ausplündern 3 **onustus** beladen **sacrilegium** Heiligtumsberaubung 5 **munus, -eris** n. Geschenk *(gemeint sind die Tempelschätze, die die Gläubigen wegen Gelübden, Errettung, Gesundung u. ä. den Göttern weihten)* 6 **invisus** verhaßt **offendere** verletzen *(mit Inf.: seltene Konstruktion; eigentlich: A. c. I. munera surripi)* **surripere** rauben, stehlen 7 **spiritus** Leben **luere** Büßen 8 **ascribere** festschreiben, vorherbestimmen 9 **facinus** Untat, Frevel **praelucere** + *Dat.* leuchten für 10 **verendus** ehrfurchtgebietend **excolere** verehren 11 **commercium** Handel, Austausch 13 **fas est** es ist erlaubt *(von der Religion her)* **sacrum** Opfer, Opferfeuer 14 **continere** enthalten **argumentum** *hier:* Fabel 15 **explicare** erklären **reperire, repperi** erfinden *(der Dichter)* 16 **alere** fördern, ehren 17 **inveniri** sich zeigen **contrarius** gegenteilig, der Erwartung nicht entsprechend 19 **dictum** Spruch **tempore** zur rechten Zeit 20 **novissime** schließlich **interdicere** untersagen **maleficus** Übeltäter 21 **usum consociare** Gemeinschaft pflegen

1. Was sagt diese „religiöse Fabel" über des Dichters Verhältnis zu den metaphysischen Mächten aus?
2. Welcher moralisch-religiöse Sinn steckt in dem erzählten Geschehen selbst? Welcher symbolische Gehalt leuchtet daraus hervor?

3. Analysieren Sie die Rede der „sancta religio"! Wie müssen Verbrecher ihre Taten büßen? Welchen antiken Brauch erklärt Phaedrus durch die Fabel? Wie wird Heilig von Profan geschieden?
4. Versuchen Sie, die im recht langen Nachspruch angegebenen Aspekte an der Fabel selbst nachzuweisen!

Doch nicht genug, daß das, was die Fabel erzählt, eine Folge von Veränderungen ist; alle diese Veränderungen müssen zusammen nur einen einzigen anschauenden Begriff in mir erwecken. Erwecken sie deren mehrere, liegt mehr als ein moralischer Lehrsatz in der vermeinten Fabel, so fehlt der Handlung ihre Einheit, so fehlt ihr das, was sie eigentlich zur Handlung macht, und sie kann, richtig zu sprechen, keine Handlung, sondern muß eine Begebenheit heißen.
– Ein Exempel:

Lucernam fur accendit ex ara Jovis
Ipsumque compilavit ad lumen suum;
Onustus qui sacrilegio cum discederet,
Repente vocem sancta misit Religio:
5 Malorum quamvis ista fuerint munera,
Mihique invisa, ut non offendar subripi;
Tamen, sceleste, spiritu culpam lues,
Olim cum adscriptus venerit pœnæ dies.
Sed ne ignis noster facinori præluceat,
10 Per quem verendos excolit pietas Deos,
Veto esse tale luminis commercium.
Ita hodie, nec lucernam de flamma Deûm
Nec de lucerna fas est accendi sacrum.

Was hat man hier gelesen? Ein Histörchen, aber keine Fabel. Ein Histörchen trägt sich zu; eine Fabel wird erdichtet. Von der Fabel also muß sich ein Grund angeben lassen, warum sie erdichtet worden; da ich den Grund, warum sich jenes zugetragen, weder zu wissen, noch anzugeben gehalten bin. Was wäre nun der Grund, warum diese Fabel erdichtet worden, wenn es anders eine Fabel wäre? Recht billig zu urtheilen, könnte es kein anderer als dieser seyn: der Dichter habe einen wahrscheinlichen Anlaß zu dem doppelten Verbote, „weder von dem heiligen Feuer ein gemeines Licht, noch von einem gemeinen Lichte das heilige Feuer anzünden," erzählen wollen. Aber wäre das eine moralische Absicht, dergleichen der Fabulist doch nothwendig haben soll? Zur Noth könnte zwar dieses einzelne Verbot zu einem Bilde des allgemeinen Verbots dienen, „daß das Heilige mit dem Unheiligen, das Gute mit dem Bösen in keiner Gemeinschaft stehen soll." Aber was tragen alsdann die übrigen Theile der Erzählung zu diesem Bilde bei? Zu diesem gar nichts, sondern ein jeder ist vielmehr das Bild, der einzelne Fall einer ganz andern allgemeinen Wahrheit. Der Dichter hat es selbst empfunden, und hat sich aus der Verlegenheit, welche Lehre er allein daraus ziehen solle, nicht besser zu reißen gewußt, als wenn er deren so viele daraus zöge, als sich nur immer ziehen ließen. Denn er schließt:

> Quot res contineat hoc argumentum utiles,
> Non explicabit alius, quam qui repperit.
> Significat primo, sæpe, quos ipse alueris,
> Tibi inveniri maxime contrarios.
> 5 Secundo ostendit, scelera non ira Deûm,
> Fatorum dicto sed puniri tempore.
> Novissime interdicit, ne cum malefico
> Usum bonus consociet ullius rei.

Eine elende Fabel, wenn niemand anders als ihr Erfinder es erklären kann, wie viel nützliche Dinge sie enthalte! Wir hätten an einem genug! – Kaum sollte man es glauben, daß einer von den Alten, einer von diesen großen Meistern in der Einfalt ihrer Plane uns dieses Histörchen für eine Fabel verkaufen können.

Gotthold Ephraim Lessing

Fabel IV 23   De Simonide

Homo doctus in se semper divitias habet.
Simonides, qui scripsit egregium melos,
Quo paupertatem sustineret facilius,
Circum ire coepit urbes Asiae nobiles,
5 Mercede accepta laudem victorum canens.
Hoc genere quaestus postquam locuples factus est,
Redire in patriam voluit cursu pelagio;
Erat autem, ut aiunt, natus in Cia insula:
Ascendit navem, quam tempestas horrida
10 Simul et vetustas medio dissolvit mari.
Hi zonas, illi res pretiosas colligunt,
Subsidium vitae. Quidam curiosior:
„Simonide, tu ex opibus nil sumis tuis?"
„Mecum" inquit „mea sunt cuncta." Tunc pauci enatant,
15 Quia plures onere degravati perierant.
Praedones adsunt, rapiunt, quod quisque extulit,
Nudos relinquunt. Forte Clazomenae prope
Antiqua fuit urbs, quam petierunt naufragi.
Hic litterarum quidam studio deditus,
20 Simonidis qui saepe versus legerat
Eratque absentis admirator maximus,
Sermone ab ipso cognitum cupidissime
Ad se recepit; veste, nummis, familia

2 **Simonides von Keos,** *griechischer Lyriker, 6./5. Jh. (von ihm stammt z. B. das berühmte Grabgedicht auf die bei den Thermopylen gefallenen Spartaner)* **egregius** hervorragend **melos** (gr. μέλος)   3 **quo facilius** damit um so leichter   4 **circum ... urbes** in den Städten umher   **Asia** Kleinasien *(die kleinasiatische Küste war uraltes Siedlungsgebiet der Griechen mit vielen kulturell und wirtschaftlich sehr bedeutenden Städten)* **nobilis** bekannt   5 **mercedes** Lohn   **victorum** *Simonides schrieb (wie Pindar und Bakchylides) Epinikien: Gedichte auf Sieger in den großen Sportwettkämpfen*   6 **quaestus, -us** Erwerb   **locuples** reich   7 **cursus pelagius** Seereise   9 **tempestas** Sturm   **horridus** schrecklich   10 **vetustas** Alter   **dissolvere** zerschellen lassen   11 **zona** (gr. ζώνη) Gürtel, um den Leib geschlungener Geldbeutel   **res pretiosa** Wertgegenstand   12 **subsidium** Hilfe, Nutzen   **curiosus** neugierig   14 **enatare** durch Schwimmen entkommen   15 **degravatus** beschwert   16 **praedo** Räuber   **efferre** retten   17 **Clazomenae** (gr. Κλαζομεναί) *Stadt in Ionien (Kleinasien), westlich von Smyrna, Heimat des Philosophos Anaxagoras*   18 **naufragus** schiffbrüchig   19 **deditus** ergeben   21 **admirator** Bewunderer   22 **cognoscere a sermone** durch das Gespräch, am Sprechen erkennen   23 **vestis** Kleidung   **nummus** Münze *pl.* Geld   **familia** Dienerschaft

Hominem exornavit. Ceteri tabulam suam
25 Portant rogantes victum. Quos casu obvios
Simonides ut vidit: „Dixi" inquit „mea
Mecum esse cuncta; vos quod rapuistis perit."

24 **exornare** ausstatten   **tabula** Gemälde   25 **victus, -us** Lebensunterhalt   **casu**
zufällig   **obvius** entgegenkommend

1. Wovon lebte ein alter Dichter wie Simonides?
2. Worin besteht der wahre Reichtum eines schöpferischen und geistigen Menschen (homo doctus)? Wie exemplifiziert Phaedrus diese Wahrheit? Welche Kontrastfiguren zu Simonides erfindet er? Steckt Selbstdarstellung des Dichters indirekt auch in dieser Erzählung?
3. Wie leiden die anderen darunter, daß sie innerlich so sehr an äußeren Reichtümern hängen? Wovon bleibt Simonides durch seine Haltung verschont?
4. Worauf beruhen Würde und königliche Souveränität des Dichters im Vergleich zu den anderen Sterblichen?
5. Mit welcher Absicht bezieht Phaedrus den Schluß seines Gedichtes (V. 26f. ... mea mecum esse cuncta) auf dessen Mitte (V. 14 mecum mea sunt cuncta)?
6. Welches ist der *praktische* Wert des Dichterruhmes?
7. Welche Lehre ist einer solchen Fabel zu entnehmen, welchen praktischen Nutzen kann der normale Mensch (der nicht Dichter ist) daraus ziehen?

Fabel IV 25 Formica et musca

[Nihil agere quod non prosit, fabella indicat.]
Formica et musca contendebant acriter,
Quae pluris esset. Musca sic coepit prior:
„Conferre nostris tu potes te laudibus?
Ubi immolatur, exta praegusto deum;
5 Moror inter aras, templa perlustro omnia.
In capite regis sedeo cum visum est mihi,
Et matronarum casta delibo oscula.
Laboro nihil atque optimis rebus fruor.
Quid horum simile tibi contingit, rustica?"
10 „Est gloriosus sane convictus deum,
Sed illi qui invitatur, non qui invisus est.
Aras frequentas: nempe abigeris, quom venis.
Reges commemoras et matronarum oscula;
Super etiam iactas tegere quod debet pudor.
15 Nihil laboras, ideo cum opus est, nil habes.
Ego granum in hiemem cum studiose congero,
Te circa murum pasci video stercore.
Aestate me lacessis; cum bruma est siles.
Mori contractam cum te cogunt frigora,
20 Me copiosa recipit incolumem domus.
Satis profecto rettudi superbiam."

1 **formica** Ameise **musca** Fliege **contendere** streiten 2 **pluris esse** *(Gen. pretii)* mehr wert sein **prior** zuerst 3 **conferre** vergleichen 4 **immolare** opfern **exta** Eingeweide *(der Opfertiere)* **praegustare** vorkosten **deum** = *deorum* 5 **morari** verweilen **perlustrare** durchwandern 6 **mihi videtur** es gefällt mir 7 **matrona** verheiratete Frau **castus** rein, keusch **delibare** genießen **osculum** Kuß 9 **contingere** zuteil werden **rustica** Ländliche, Bäuerin 10 **gloriosus** herrlich, ruhmvoll **sane** freilich **convictus, -us** Zusammenleben, Verkehr 11 **invisus** verhaßt, unwillkommen 12 **frequentare** (häufig) besuchen **nempe** freilich **abigere** vertreiben **quom** = *cum* sooft 13 **commemorare** erwähnen 14 **super** darüber hinaus, dazu **iactare** + *Akk.* mit etwas prahlen **(id) quod pudor tegere debet** ... (pudor Scham, Anstand) 15 **ideo** deshalb **opus est** ist notwendig 16 **granum** Getreide **in** + *Akk.* für **studiose** eifrig **congerere** sammeln 17 **circa** + *Akk.* um ... herum **pasci** + *Abl.* fressen **stercus, -oris** *n.* Dünger, Mist 18 **lacessere** herausfordern, verhöhnen **bruma** *(= brevissima dies)* Winterzeit, Winterkälte **silere** schweigen 19 **contractus** *(von der Kälte)* zusammengezogen **frigus, -oris** *n.* Frost 20 **copiosus** reichlich versehen *(mit Nahrung)* **recipere** empfangen **incolumis** unversehrt 21 **profecto** in der Tat **retundere, rettudi** zurückweisen

Fabella talis hominum discernit notas
Eorum qui se falsis ornant laudibus,
Et quorum virtus exhibet solidum decus.

22 **discernere** unterscheiden   **nota** Kennzeichen, Wesen   24 **exhibere** zeigen   **solidus** fest, echt   **decus, -oris** *n.* Zierde, Glanz

1. Diese Fabel besteht praktisch nur aus zwei Reden. Warum ist die zweite Rede länger als die erste?
2. Aus welchen Details will die Fliege ihren höheren Wert ableiten? Wodurch erhalten die Bereiche, in denen sie sich bewegt, ihren Glanz?
3. Mit welchen Argumenten widerlegt die Ameise den Wert der Fliege?
4. Worin liegt das Geschick von Formulierungen wie: Est gloriosus ..., Aras frequentas ..., Reges commemoras ..., Nihil laboras ...?
5. Von welchem der beiden Insekten erhalten wir eine gründlichere „Biographie"?
6. Ist bei dieser Fabel eigentlich der abstrakte moralische Gehalt weniger wichtig als die rhetorische Widerlegung der „falsae laudes" der Fliege?
7. Worin besteht das „solidum decus" echter Virtus im Vergleich zur „superbia"? Übertragen Sie die Bedeutung der Fabel auf den menschlichen Bereich!
8. Warum nennt die Fliege die Ameise am Ende ihrer Rede „rustica"? Was entspricht dem am Ende der Rede der Ameise?

Fabel IV 26 Poeta

Quantum valerent inter homines litterae,
Dixi superius: quantus nunc illis honos
A superis sit tributus tradam memoriae.
Simonides idem ille de quo rettuli,
5 Victori laudem cuidam pyctae ut scriberet,
Certo conduxit pretio, secretum petit.
Exigua cum frenaret materia impetum,
Usus poetae more est et licentia
Atque interposuit gemina Ledae sidera,
10 Auctoritatem similis referens gloriae.
Opus approbavit; sed mercedis tertiam
Accepit partem. Cum reliquam posceret:
„Illi" inquit „reddent quorum sunt laudis duae.
Verum ut ne irate te dimissum sentiam,
15 Ad cenam mihi promitte; cognatos volo
Hodie invitare, quorum es in numero mihi."
Fraudatus quamvis et dolens iniuria,
Ne male dimissam gratiam corrumperet,
Promisit. Rediit hora dicta, recubuit.
20 Splendebat hilare poculis convivium,
Magno apparatu laeta resonabat domus,
Repente duo cum iuvenes sparsi pulvere,

1 **valere** wert sein, gelten   **litterae** *umfassender Begriff für die Gesamtheit geistiger Beschäftigungen: Wissenschaften, Künste, Literatur und Dichtung, sogar Philosophie* 2 **superius** weiter oben *(cf. IV 23)*   **honos** = *honor* Ehre   3 **superi** Götter   **memoriae tradere** *(für die Nachwelt)* überliefern   5 **quidam** ein gewisser   **pyctes** = *pycta (gr.* πύκτης*)* Faustkämpfer   6 **certo pretio** für festgesetztes Geld   **conducere** vereinbaren, sich einigen   **secretum petere** die Einsamkeit aufsuchen   7 **exiguus** zu gering   **frenare** bremsen, hindern   **materia** Stoff   **impetus** Inspiration, Schaffenskraft   8 **licentia** Freiheit   9 **interponere** einbeziehen   **gemina Ledae sidera** die beiden Sterne der Leda: *die Zwillinge Castor und Pollux, Söhne der Leda (einer von Juppiter), die auch als Sternbilder am Himmel standen*   10 **auctoritas** Zeugnis, Bestätigung   **referre** anführen   11 **approbare** des Beifalls wert machen   **mercedis** Lohn   **tertius pars** ein Drittel   13 **reddere** bezahlen   **duae** *sc. partes* zwei Drittel   14 **irate** zornig, im Zorn   **dimittere** entlassen   15 **ad cenam promittere** versprechen, zum Essen zu kommen, eine Einladung annehmen   **cognati** Verwandte, Freunde   **in numero esse** dazugehören   17 **fraudare** betrügen   **quamvis** wenn auch   18 **corrumpere** verderben   19 **redire** kommen *(wie versprochen)*   **recumbere, -ui** sich niederlegen *(in der Antike legte man sich bei Einladungen und Partys, zum Essen, Trinken und Scherzen, auf Speisesofas: triclinium)*   20 **splendere** glänzen, strahlen   **hilaris, -e** heiter, fröhlich   **poculum** Becher   **convivium** Gelage   21 **apparatus, -us** Zurüstung, Luxus   **resonare** ertönen   22 **repente** plötzlich   **spargere** bedecken, besprengen   **pulvis, -eris** Staub

Sudore multo diffluentes corpora
Humanam supra formam, cuidam servulo
25 Mandant ut ad se provocet Simonidem;
Illius interesse, ne faciat moram.
Homo perturbatus excitat Simonidem.
Unum promorat vix pedem triclinio,
Ruina camerae subito oppressit ceteros;
30 Nec ulli iuvenes sunt reperti ad ianuam.
Ut est vulgatus ordo narratae rei,
Omnes scierunt numinum praesentiam
Vati dedisse vitam mercedis loco.

23 **sudor** Schweiß **diffluere** fließen, gebadet sein **corpora** *Akk. d. Bez.* 24 **humanam supra formam** über Menschengestalt hinaus, übermenschlich an Aussehen **servulus** (kleiner) Sklave 25 **mandare** den Auftrag geben **provocare** herbeirufen 26 **interest** + *Gen.* jemand liegt daran **facere moram** verweilen, bleiben 27 **perturbare** völlig verwirren **excitare** herausrufen 28 **promorat** = *promoverat* (entfernen) **triclinium** (gr. τρίκλινον) Speisesofa (für drei Personen) 29 **ruina** Einsturz **camera** gewölbte Zimmerdecke (gr. καμάρα) **opprimere** überschütten, bedecken 30 **reperire** finden 31 **vulgare** verbreiten **ordo** Hergang 32 **numen** Gottheit **praesentia** Gegenwart 33 **vates, -is** Dichter **mercedis loco** statt Lohn

1. Inwieweit glaubt der Dichter wohl selbst an die Einwirkung der Götter?
2. Welchen Einblick in die Arbeitsweise eines griechischen Dichters gibt die Erzählung? Welche Bedeutung hat die Einarbeitung von mythologischen Exempla in ein Gedicht zum Preise eines Sportsiegers? Der bedeutende Dichter Pindar machte es ebenso! Wie erklärt Phaedrus diese Arbeitsweise rationalistisch? Dies ist bestimmt nicht die ganze Begründung!
3. Worin besteht der Betrug des Faustkämpfers gegenüber dem Dichter? Ist die Begründung für die zu geringe Bezahlung stichhaltig?
4. Wie wird das Festmahl verlebendigt und in Worten faßbar gezeigt?
5. Warum geht Simonides trotz des Betruges zur Einladung? Was sagt dies über die soziale Stellung der Dichter im Altertum aus?
6. Welche Rolle spielen die auftretenden Jünglinge?
7. Wie wird das Ereignis von den Menschen aufgenommen?

Fabel V 1 Demetrius rex et Menander poeta

Demetrius qui dictus est Phalereus,
Athenas occupavit imperio improbo.
Ut mos est vulgi, passim et certatim ruit,
„Feliciter!" succlamant. Ipsi principes
5 Illam osculantur, qua sunt oppressi, manum,
Tacite gementes tristem fortunae vicem.
Quin etiam resides et sequentes otium,
Ni defuisse noceat, repunt ultimi;
In quis Menander, nobilis comoediis,
10 Quas ipsum ignorans legerat Demetrius
Et admiratus fuerat ingenium viri,
Unguento delibutus, vestitu fluens,
Veniebat gressu delicato et languido.
Hunc ubi tyrannus vidit extremo agmine:
15 „Quisnam cinaedus ille in conspectum meum
Audet venire?" Responderunt proximi:
„Hic est Menander scriptor." Mutatus statim:
„Homo" inquit „fieri non potest formosior."

1 **Demetrius Phalereus** (von Phaleron bei Athen) *345–283 v. Chr. Schüler von Theophrast und Menander, Politiker, Redner und Gelehrter, war von 317–307 in Athen Statthalter, danach in Ägypten Berater des Ptolemaeus*   **qui dictus est** der *(mit Beinamen)* heißt, sogenannt   2 **improbus** ungesetzlich   3 **passim** durcheinander   **certatim** um die Wette   **ruere** hineilen   4 **succlamare** zuschreien   **principes** die Adligen   5 **osculari** küssen   6 **tacite** insgeheim   **gemere** bestöhnen   **fortunae vicem** den Wechsel des Glückes   7 **quin etiam** ja sogar   **reses, -sidis** sitzengeblieben, untätig, zurückgezogen   **sequentes otium** die sich der Muße widmeten   8 **defuisse** Subjekt   **repere** kriechen, hinschleichen   9 **nobilis** bekannt   **comoedia** Lustspiel *(Menander war der bedeutendste Vertreter der sogenannten „Neuen Komödie", einer schon bürgerlichen Lustspielform mit Liebesintrige und Happy-End)*   10 **ignorare** nicht (persönlich) kennen   11 **admiratus fuerat** = *admiratus erat*   **ingenium** Talent   12 **unguentum** Salböl   **delibutus** benetzt, bestrichen   **vestitus** Gewand   **fluens** fließend *(mit herabwallendem, schleppendem Gewand)*   13 **gressus, -us** Schritt   **delicatus** verwöhnt, geziert   **languidus** lässig   14 **agmen** die herankommende Menge   15 **quisnam** welcher denn?   **cinaedus** (gr. κίναιδος) verwöhnter Weichling, Wollüstling   **conspectus, -us** Anblick   17 **scriptor** Dichter   **mutare** verändern   18 **homo** der Mensch *(generell)*   **formosus** schön

1. Wie zeichnet der Dichter hier das Wesen eines Tyrannen? Könnte er indirekt damit auch den Caesar meinen? Was spräche dafür?
2. Wie verhalten sich die Menschen in Gegenwart des Tyrannen? Wie stellt der Dichter ihre geheime Meinung dar? Was bringt solche Menschen zum Heucheln?

3. Wie erscheint der Dichter Menander? Paßt die Zeichnung des Dichters als größter Komödiendichter seiner Zeit, oder hat Phaedrus hier absichtlich übertrieben?
4. Was veranlaßt den Tyrannen zu seiner plötzlichen Meinungsänderung?
5. Was will der Dichter mit dieser Fabel aussagen?

Fabel V 2 Viatores et latro

Duo cum incidissent in latronem milites,
Unus profugit, alter autem restitit
Et vindicavit sese forti dextera.
Latrone occiso timidus accurrit comes
5 Stringitque gladium, dein reiecta paenula:
„Cedo" inquit „illum; iam curabo sentiat,
Quos attentarit." Tunc, qui depugnaverat:
„Vellem istis verbis saltem adiuvisses modo;
Constantior fuissem vera existimans.
10 Nunc conde ferrum et linguam pariter futilem,
Ut possis alios ignorantes fallere.
Ego qui sum expertus quantis fugias viribus,
Scio quam virtuti non sit credendum tuae."
Illi assignari debet haec narratio,
15 Qui re secunda fortis est, dubia fugax.

1 **incidere** geraten, stoßen 2 **profugere** sich flüchten **resistere** Widerstand leisten 3 **vindicare** befreien **dextera** = *dextra* rechte Hand 4 **occidere** töten 5 **stringere** zücken **paenula** (gr. φαινόλης) Mantel 6 **cedo** gib her, her mit ... **iam** nun **curabo** *(ut)* **sentiat quos** was für Leute **attentarit** = *attentaverit (attentare angreifen)* 7 **depugnare** den Kampf entscheiden 8 **vellem sc. ut ... saltem** wenigstens 9 **vera existimans sc. ea** *(= verba)* 10 **condere** bergen, einstecken **ferrum** Schwert **pariter** ebenso **futilis** unzuverlässig, wertlos 12 **expertus** erfahren 13 **quam ... non** wie sehr nicht, wie wenig 14 **assignare** zuschreiben, zuweisen *(Pass. sich ...)* **narratio** Erzählung, Fabel 15 **res secunda** Glück **res dubia** Gefahr **fugax** flüchtig

1. Warum zeigt der Dichter hier das Wesen des Feigen an dem des Tapferen auf?
2. Interpretieren Sie die Rede des tapferen Soldaten an seinen feigen Gefährten! In welche Abschnitte zerfällt sie? Welche Tugenden und Wertbegriffe benützt der Soldat? Wie sollen sich Worte zu Taten verhalten?
3. Inwiefern hätte der Feige trotzdem dem Tapferen helfen können?
4. Kennen Sie das Bild des feigen, aber ruhmredigen Soldaten aus anderer Literatur?

Fabel V 4 Asini et porcelli

Quidam immolasset verrem cum sancto Herculi,
Cui pro salute votum debebat sua,
Asello iussit reliquias poni hordei.
Quas aspernatus ille sic locutus est:
5 „Libenter istum prorsus appeterem cibum,
Nisi, qui nutritus illo est, iugulatus foret."
Huius respectu fabulae deterritus
Periculosum semper vitavi lucrum.
Sed dicis: „Qui rapuere divitias, habent."
10 Numeremus agedum qui deprensi perierunt:
Maiorem turbam punitorum reperies.
Paucis temeritas est bono, multis malo.

1 **immolare** opfern **verres, -is** Eber **sanctus** göttlich 2 **votum debere** die Erfüllung eines Gelübdes schulden 3 **asellus** Eselchen **ponere** vorlegen **hordeum** Gerste 4 **aspernari** verschmähen 5 **prorsus** völlig, sehr **appetere** *hier:* genießen 6 **nutrire** ernähren **iugulare** erdrosseln, töten 7 **respectus, -us** Beachtung **deterrere** abschrecken 8 **lucrum** 10 **agedum** wohlan! **deprendere** = *deprehendere* ertappen 12 **temeritas** blindes Wagen, Wagemut **bono esse** zum Guten ausschlagen, Glück bringen *(Gegenteil: malo esse)*

1. Lesen sie die Fabel zunächst als realistisches Lebensbild aus dem alten Rom!
2. Warum wollte der Esel die Gerste nicht essen? Hält ihn magisches Denken oder Aberglaube vom Genuß ab?
3. Interpretieren Sie den Nachspruch! Wodurch wird die Fabel zum Selbstzeugnis des Dichters?
4. Was bedeutet „respectu deterritus"? Was sagt es aus, daß sich der Dichter an die eigenen Fabeln hält?
5. Was läßt sich dagegen zugunsten einer gewissen positiven „temeritas" sagen?

Fabel V 5   Scurra et rusticus

Pravo favore labi mortales solent
Et, pro iudicio dum stant erroris sui,
Ad paenitendum rebus manifestis agi.
Facturus ludos quidam dives nobilis
5 Proposito cunctos invitavit praemio,
Quam quisque posset ut novitatem ostenderet.
Venere artifices laudis ad certamina;
Quos inter scurra, notus urbano sale,
Habere dixit se genus spectaculi,
10 Quod in theatro numquam prolatum foret.
Dispersus rumor civitatem concitat.
Paulo ante vacua turbam deficiunt loca.
In scaena vero postquam solus constitit
Sine apparatu, nullis adiutoribus,
15 Silentium ipsa fecit exspectatio.
Ille in sinum repente demisit caput
Et sic porcelli vocem est imitatus sua,
Verum ut subesse pallio contenderent
Et excuti iuberent. Quo facto simul
20 Nihil est repertum, multis onerant lancibus
Hominemque plausu prosequuntur maximo.
Hoc vidit fieri rusticus. „Non mehercule
Me vincet" inquit, et statim professus est
Idem facturum melius se postridie.

1 **pravus** schlecht, verkehrt   **favor** Gunst   **labi** ausgleiten, straucheln   2 **stare pro** sich einsetzen für, verfechten   3 **paenitere** bereuen   **rebus manifestis** *wenn die Dinge sich in ihrer Wahrheit offenbaren, bei rechter Erkenntnis*   **agi** abhängig von   **solent** in V. 1   4 **nobilis** auf ludos zu beziehen   5 **proponere** festsetzen, in Aussicht stellen   V. 6   **ut ostenderet novitatem quam quisque posset** *(quisque ist Subjekt auch zu ostenderet)*   **ostendere** zeigen   7 **artifex** Künstler   8 **scurra** Possenreißer   **urbanus sal** städtischer Witz, geistreicher Humor   10 **proferre** vorführen, zeigen   11 **dispergere** verbreiten   **rumor** Gerücht   **civitas** Bürgerschaft   **concitare** aufwecken, anlocken   12 **paulo ante** kurz vorher   **vacua loca** freie Plätze   **deficere** + *Akk.* jemandem ausgehen   13 **scaena** Bühne   **consistere** sich stellen, hintreten   14 **apparatus, -us** Hilfsmittel, Bühnenausstattung   **adiutor** Helfer, Mitspieler   15 **exspectatio** Erwartung   16 **sinus, -us** weites Gewand, Gewandbausch   **demittere** hineintun, hineinstecken   17 **porcellus** Schwein   18 **verum** sc. **porcellum subesse pallio** unter dem Mantel sein   **contendere** behaupten   19 **excutere** ausschütteln   20 **onerare** beladen, bedenken   **lanx, -cis** *f.* Schale *(mit Gaben)*   21 **plausus, -us** Beifallklatschen   22 **rusticus** Bauer   **mehercule** bei Herkules, bei Gott   23 **profiteri** anbieten   24 **postridie** am folgenden Tag

25 Fit turba maior. Iam favor mentes tenet
Et derisuri, non spectaturi sedent.
Uterque prodit. Scurra degrunnit prior
Movetque plausus et clamores suscitat.
Tunc simulans sese vestimentis rusticus
30 Porcellum obtegere (quod faciebat scilicet,
Sed, in priore quia nil compererant, latens)
Pervellit aurem vero, quem celaverat,
Et cum dolore vocem naturae exprimit.
Acclamat populus scurram multo similius
35 Imitatum et cogit rusticum trudi foras.
At ille profert ipsum porcellum e sinu,
Turpemque aperto pignore errorem probans:
„En hic declarat quales sitis iudices!"

25 **favor** Gunst, Parteilichkeit   27 **degrunnire** grunzen   28 **suscitare** erregen
29 **simulare** vortäuschen   **vestimentum** Gewand, Kleid   30 **obtegere** verstecken
scilicet freilich, in der Tat   31 **comperire** erfahren   32 **pervellere** zupfen, zwicken
33 **exprimere** hervorzwingen   34 **similius** lebenswahrer   35 **trudere** stoßen   **foras** hinaus   37 **pignus, -oris** *n.* Wahrheitspfand   **probare** aufzeigen   38 **en** sieh da! **declarare** beweisen

1. Wie erzählt der Dichter diese lustige Geschichte? Wie werden die beiden Auftretenden (scurra und rusticus) dargestellt? Wie nützt der Dichter die Wiederholung des Motivs des Auftrittes aus? Wie verhält sich die Menge der Zuschauer?
2. Wodurch werden die Zuschauer getäuscht?
3. Welche moralische Lehre enthält die Geschichte?
4. Inwieweit ist diese Lehre im Vorspruch V. 1–3 vorformuliert? Lassen sich noch andere moralistische und psychologische Gesichtspunkte aus dem Text V. 4 ff. herausarbeiten?

Fabel V 7 Procax tibicen

Ubi vanus animus aura captus frivola
Arripuit insolentem sibi fiduciam,
Facile ad derisum stulta levitas ducitur.
Princeps tibicen notior paulo fuit,
5 Operam Bathyllo solitus in scaena dare.
Is forte ludis (non satis memini quibus)
Dum pegma rapitur, concidit casu gravi
Nec opinans, et sinistram fregit tibiam,
Duas cum dextras maluisset perdere.
10 Inter manus sublatus et multum gemens
Domum refertur. Aliquot menses transeunt,
Ad sanitatem dum venit curatio.
Ut spectatorum mos est et lepidum genus,
Desiderari coepit, cuius flatibus
15 Solebat excitari saltantis vigor.
Erat facturus ludos quidam nobilis.
Et incipiebat a se Princeps ingredi:
Adducit pretio precibus, ut tantummodo
Ipso ludorum ostenderet sese die.
20 Qui simul advenit, rumor de tibicine
Fremit in theatro. Quidam affirmant mortuum,
Quidam in conspectum proditurum sine mora.
Aulaeo misso, devolutis tonitribus

1 **aura** Volksgunst **frivolus** wertlos, launisch 2 **arripere** sich aneignen **insolens** unverschämt **fiducia** Selbstvertrauen 3 **derisus, -us** Verspottung **levitas** Leichtsinn 4 **Princeps** Name des Flötenspielers **tibicen, -inis** Flötenspieler 5 **operam dare** + Dat. begleiten *(Bathyllus, ein Schauspieler aus Alexandria, ein Freigelassener des Maecenas; er soll zusammen mit Pylades von Kilikien die Kunst der Pantomime in Rom begründet haben; die Pantomimen waren getanzte, nicht gesprochene Handlungen mit Musikbegleitung; solche Pantomimen waren in der Kaiserzeit die wichtigste, fast einzige Form von Theateraufführungen; man stellte in ihnen die bekannten griechischen Sagenstoffe dar)* 6 **ludis** = in ludis 7 **pegma** (gr. πῆγμα) Maschinerie *zum Versenken auf der Bühne* **rapere** heben **concidere** stürzen 8 **necopinans** nichtsahnend **tibia** Schienbein *(-knochen), aus dem man eine Flöte machen konnte: deshalb auch Flöte* **duas dextras** *aus zwei rechten Tibia-Knochen von Tieren bestand sein Instrument* 10 **tollere** stützen **gemere** stöhnen 11 **aliquot** etliche 12 **sanitas** Gesundung **curatio** ärztliche Behandlung 13 **spectator** Zuschauer **lepidus** weichlich, liebenswürdig, verwöhnt 14 **desiderare** vermissen **flatus, -us** Blasen, Spiel 15 **excitare** erwecken **saltans** Tänzer **vigor** Kraft 17 **a se ingredi** allein gehen *(nach der Verletzung)* 18 **tantummodo** nur, wenigstens 21 **fremere** ertönen **affirmare** versichern 22 **prodire** hervorkommen **sine mora** gleich 23 **aulaeum** Vorhang **mittere** herablassen *(der Vorhang wurde nicht hoch- oder beiseitegezogen, sondern herabgelassen)* **devolvi** abrollen **tonitrus, -us** Donner

Di sunt locuti more translaticio.
25 Tunc chorus ignotum modo reducto canticum
Insonuit, cuius haec fuit sententia:
„Laetare, incolumis Roma, salvo principe!"
In plausus consurrectum est. Iactat basia
Tibicen; gratulari fautores putat.
30 Equester ordo stultum errorem intellegit
Magnoque risu canticum repeti iubet.
Iteratur illud. Homo meus se in pulpito
Totum prosternit. Plaudit illudens eques.
Rogare populus hunc coronam existimat.
35 Ut vero cuneis notuit res omnibus,
Princeps, ligato crure nivea fascia,
Niveisque tunicis, niveis etiam calceis,
Superbiens honore divinae domus,
Ab universis capite est protrusus foras.

24 **translaticius** herkömmlich   25 **chorus** Chor   **modo reductus** eben erst zurückgekommen   **canticum** Lied   26 **insonare, -ui** anstimmen, ertönen lassen   **sententia** Sinn, Bedeutung   27 **salvus** heil, gerettet   28 **consurgere** aufstehen   **iactare** zuwerfen   **basium** Handkuß   29 **gratulari** Glück wünschen   **fautor** Anhänger   30 **equester ordo** Ritterstand   32 **iterare** wiederholen   **pulpitum** Bühne   33 **prosternere** hinwerfen   **plaudere** klatschen   **illudere** verspotten   34 **rogare coronam** sich um einen Kranz bewerben   35 **cuneus** Keil, keilförmiger Abschnitt des Zuschauerraumes   36 **ligare** umwickeln   **crus, cruris** *n.* Bein   **niveus** schneeweiß   **fascia** Binde   37 **calceus** Schuh   38 **superbire** sich brüsten   **divina domus** Kaiserhaus   39 **universi** alle zusammen   **capite** mit seiner ganzen Existenz, völlig, radikal   **protrudere** hinauswerfen   **foras** hinaus

1. Was spricht dafür, daß diese Geschichte ein wirkliches Ereignis aus der Zeit des Phaedrus darstellt? Was macht sie deshalb für uns so interessant?
2. Welches Erzähltempo, welche Mittel des Satzbaus tragen zur Verlebendigung bei?
3. Auf welchem Wortwitz beruht die ganze Erzählung?
4. Wie ist der „error" des Flötenkünstlers – psychologisch – zu erklären?
5. Was können wir aus dem Text über die römische Theaterpraxis zur Zeit des Phaedrus lernen?
6. Welche Schätzung genossen Bühnenkünstler zu jener Zeit?
7. Wie stellt sich der Dichter selbst zu dem von ihm erzählten Ereignis? Wie bewertet er es moralisch? Wie sollen sich nach seiner Meinung Künstler verhalten?

La Fontaine: Fabeln

In der Vorrede[1] an den Dauphin, dem La Fontaine seine Fabeln widmet, vergleicht der Dichter seine Dichtung mit der seiner antiken Vorgänger, und er gibt seine programmatische Absicht kund. Es ist interessant zu verfolgen, inwieweit er diese verwirklicht hat.

„Man wird hier weder die Eleganz noch die extreme Kürze finden, die Phaedrus empfehlenswert machen: dies sind Eigenschaften jenseits meiner Reichweite. Da es mir unmöglich war, ihn darin nachzuahmen, glaubte ich, statt dessen das Werk aufheitern zu sollen, mehr als er es tat. [...] Ich nenne nicht Heiterkeit, was das Lachen erregt; sondern einen gewissen Charme, ein angenehmes Wesen, das man allen Arten von Stoffen verleihen kann, selbst den ernsthaftesten."

Zu Phaedrus I 1:

Der Wolf und das Lamm

Des Stärkern Recht ist stets das beste Recht gewesen –
ihr sollt's in dieser Fabel lesen.
    Ein Lamm löscht einst an Baches Rand
    den Durst in dessen klarer Welle.
5 Ein Wolf, ganz nüchtern noch, kommt an dieselbe Stelle,
    des gier'ger Sinn nach guter Beute stand.
„Wie kannst du meinen Trank zu trüben dich erfrechen?"
    begann der Wüterich zu sprechen.
„Die Unverschämtheit sollst du büßen, und sogleich!" –
10 „Eu'r Hoheit brauchte", sagt das Lamm, vor Schrecken bleich,
    „darum sich so nicht aufzuregen!
    Wollt doch nur gütigst überlegen,
    daß an dem Platz, den ich erwählt,
    von Euch gezählt,
15   ich zwanzig Schritt stromabwärts stehe;

---

[1] La Fontaine, Die Fabeln. Gesamtausgabe in deutscher und französischer Sprache. Übersetzt von Ernst Dohm. Emil Vollmer Verlag: Wiesbaden o. J., Vorrede.

daß folglich Euren Trank – seht Euch den Ort nur an –
ich ganz unmöglich trüben kann." –
„Du trübst ihn dennoch!" spricht der Wilde. „Wie ich sehe,
bist du's auch, der auf mich geschimpft im vor'gen Jahr!" –
20 „Wie? Ich, geschimpft, da ich noch nicht geboren war?
Noch saugt die Mutter mich, fragt nach im Stalle." –
„Dein Bruder war's in diesem Falle!" –
„Den hab' ich nicht." – „Dann war's dein Vetter! Und
ihr hetzt mich und verfolgt mich alle,
25 ihr, euer Hirt und euer Hund.
Ja, rächen muß ich mich, wie alle sagen!"
Er packt's, zum Walde schleppt er's drauf,
und ohne nach dem Recht zu fragen,
frißt er das arme Lämmlein auf.

(La Fontaine I 10, Le loup et l'agneau)

1. Wie kommt die Handlung dieser Fabel in Gang?
2. Arbeiten Sie die Unterschiede der Redeweise der beiden Tierpersonen heraus! Wie versucht das Lamm seine Unschuld aufzuzeigen?
3. Wofür muß das Lamm leiden?
4. Inwiefern ist in dieser Fabel jede Störung des moralischen Gleichgewichtes und der Harmonie zwischen verschiedenen Wesen gestaltet?
5. Welches ist der Unterschied zwischen einem moralischen Weltbild und dem amoralischen oder vormoralischen Naturzustand?
6. Inwiefern wirkt die Handlung dieser Fabel besonders grotesk? Warum hat La Fontaine ein solches Geschehen zwischen einem Pflanzenfresser und einem Raubtier, also einem Wesen, das nach der Naturordnung von Schwächeren leben muß, aufgezeigt? Wie würde sich eine ähnliche Fabel zwischen von Natur aus Gleichgestellten ausnehmen?

Zu Phaedrus I 2:

Die Frösche, die einen König haben wollen

Müde der Demokratie,
schrien die Frösche tausendtönig,
und nicht eher ruhten die
Schreier, bis einem Herrn sie Zeus macht' untertänig.
5 Vom Himmel fiel herab ein höchst friedfert'ger König;
doch macht sein heft'ger Fall solch einen Lärm, daß sie,
dieses Volk der sumpf'gen Strecken,
dumm wie's ist und leicht zu schrecken,

schnell im Wasser sich verlor,
10 unterm Schilf, im Binsenrohr,
in den Löchern des Morastes,
und lang sich nicht getraut ins Angesicht des Gastes
zu schaun; denn ihnen kam er wie ein Riese vor.
Nur ein Klotz lag da im Moor;
15 doch seine stumme Würd' erregte Furcht und Grauen
dem ersten, der sich vorgewagt
aus seiner Höhl', ihn anzuschauen.
Er naht sich ihm, doch sehr verzagt;
ein zweiter, dritter folgt, bald kommt herbeigejagt
20 ein heller Hauf', und diese Schlauen
sind endlich ganz voll Mut und springen voll Vertrauen
auf ihres Königs Schulter dreist herum.
Der gute Herr läßt sich's gefallen und bleibt stumm.
Bald macht das dumme Volk dem Zeus viel Kopfzerbrechen:
25 „Gib uns 'nen König, der sich regen kann und sprechen!"
'nen Kranich sendet nun der Götterfürst den Frechen;
der beginnt sie abzustechen
und zu speisen nach Begier.
Wie die Frösche Klag' erheben,
30 spricht Zeus: „Potz Blitz! Was wollt ihr? Sollen etwa Wir
nur euren Launen stets nachgeben?
Zunächst war's wohl der klügste Rat,
zu wahren euren alten Staat.
Da dies nun nicht geschehen, so mußt' es euch genügen,
35 daß euer erster Fürst voll Mild' und Sanftmut war.
Den hier behaltet, um nicht gar
vielleicht 'nen schlimmern noch zu kriegen!"

(La Fontaine III 4)

1. Warum hat wohl La Fontaine die Einleitung über die Entstehung der Fabel aus der politischen Zeitwirklichkeit des Aesop weggelassen?
2. Wie werden die Frösche dargestellt? Wie lassen sich ihr Verhalten und ihre Eigenschaften auf den menschlichen Bereich übertragen?
3. Warum bekommen die Frösche bei La Fontaine jeweils einen neuen König?
4. Welche beiden Extremformen von Herrschaft stellt die Fabel dar? Gäbe es eine ausgeglichenere Form in der Mitte? Warum führt der Dichter sie nicht ein?
5. Welche Lösungen gibt Juppiter den Fröschen? Was bedeutet das Verhalten Juppiters?
6. Worauf legt La Fontaine in dieser Fabel den Akzent?

Zu Phaedrus I 6:

Die Sonne und die Frösche

Froh war das Volk bei des Tyrannen Hochzeitsreigen,
   und seine Sorg' ertränkt's in Wein.
Äsop allein fand, daß die Leute töricht sei'n,
   so große Freude drob zu zeigen.
5 Der Sonne – sagte er – fiel's eines Tages ein,
   mit Eheplänen sich zu tragen.
Alsbald hört von des Teichs Bewohnern man ein Schrei'n,
   ihr Schicksal hört man sie beklagen
   einstimmig und aus voller Kraft:
10 „Was wird aus uns, kriegt sie Nachkommenschaft?
Mit Not erträgt man nur der einen Sonne Segen;
   ein halbes Dutzend würde trockenlegen
das Meer und alles, was drin wohnt. Wie schauderhaft!
Fahr wohl nun, Schilf und Sumpf! Um uns ist es geschehen,
15   zum Styx wird unser Stamm bald gehen!"
Mich dünkt, für solch ein armes Tiergeschlecht
war, was der Frösche Volk geurteilt, nicht ganz schlecht.

(La Fontaine VI 12)

1. Welche neue Anwendung findet La Fontaine für diese Phaedrus-Fabel?
2. Wie entfaltet der Dichter das Motiv von den (gedachten) Kindern der Sonne? Inwieweit ist hier noch antike Mythologie lebendig?
3. Wie stellen sich die Frösche hier selbst dar?
4. Warum fügt am Ende der Dichter seine Meinung über das Räsonnement der Frösche hinzu?

Zu Phaedrus I 7:

Der Fuchs und die Büste

Die Großen sind zumeist nur Masken. Ihr Gepränge
macht Eindruck höchstens bei dem Götzendienst der Menge.
Der Esel urteilt stets nur nach dem äußern Schein;
   der Fuchs im Gegenteil prüft gründlich sie und sicher,
5 nach allen Seiten kehrt er sie, und sieht er ein,

ihr Wert sei nur ein äußerlicher,
dann sagt er, was er einst in höchst gelungnem Scherz
sprach vor'nem Heldenbild von Erz.
Ein hohles Brustbild war's und über Lebensgröße.
10 Die Arbeit lobt der Fuchs bis auf die eine Blöße:
„Ein schöner Kopf", sagt er, „jedoch kein Hirn darin."
Wie viele große Herr'n sind Büsten in dem Sinn!

(La Fontaine I 14)

1. Was ändert La Fontaine an der Fabel durch die Gleichung der ersten Zeile? Wie greift er diese Gleichsetzung am Schluß wieder auf? Wie ist sie beidemal eigeschränkt?
2. Warum führt der Dichter den Esel als Kontrastfigur zum Fuchs ein?
3. Wie erweitert La Fontaine im ganzen die Phaedrus-Fabel, die ihm wohl zu kurz vorkam?
4. Wie und warum charakterisiert er das Wesen des Fuchses? Warum erscheint dieser hier zu positiv?
5. Welche Wirkung bringt es, daß La Fontaine den Fuchs sich bei Gelegenheit (quand ... que ...) selbst zitieren läßt?
6. Wie formuliert (im Vergleich zu Phaedrus) La Fontaine den Ausspruch des Fuchses, der die eigentliche Weisheit bringt? Wie führt er ihn ein?
7. Brachte die Erweiterung und Variierung der ursprünglichen Fabel einen Gewinn?
8. Ist die Stoßrichtung der Gesellschaftskritik bei La Fontaine gezielter als bei Phaedrus?

Zu Phaedrus I 8:

Der Wolf und der Storch

Stets frißt der Wolf mit gier'ger Hast.
Ein Wolf hat sich so übernommen
bei einem Picknick, daß er fast
dabei ums Leben wär' gekommen:
5 in seiner Kehle steckt ihm fest ein Knochenstück,
er konnte nicht mehr schrein. Da kommt zu seinem Glück
ein Storch des Weges just zu gehen.
Er winkt; der naht – ein Weilchen nur,
und schon kann man als Arzt ihn bei der Arbeit sehen;
10 er zieht den Knochen aus. Drauf für gelungne Kur
sein Honorar gefordert hat er.

„Was? Honorar?" versetzt zur Stund'
der Wolf. „Du spaßest wohl, Gevatter?
Ist's nicht schon viel, daß du gesund
15 und heil gerettet hast den Hals aus meinem Schlund?
Geh, Undankbarer, deiner Wege!
Komm nie mir wieder ins Gehege!

(La Fontaine III 9)

1. Warum ersetzt der Dichter den Kranich des Phaedrus durch einen Storch?
2. Mit welchem Detail versucht La Fontaine die Fabel realistischer und verständlicher zu gestalten? Wo schafft solches Detail den Eindruck der Spontaneität und Lebendigkeit?
3. Wie ist die Rede des Wolfes ausgestaltet?
4. Welchen Charakter erhält der Wolf hier?
5. Wie sähe eine Anwendung dieser Fabel im praktischen Leben aus?
6. Welche psychologische Taktik steckt in Verhalten und Redeweise des Wolfes?

Zu Phaedrus I 10:

Der Affe als Richter zwischen Wolf und Fuchs

Einst klagt' ein Wolf, man habe ihn beraubt;
den Nachbar Fuchs, 'nen Herrn von schlechtem Lebenswandel,
klagt er des Diebstahls an, an den er selbst nicht glaubt.
 Es führten vor des Affen Haupt
5 in eigener Person die zwei Partei'n den Handel.
 Seit Affendenken saß noch nicht
in so verzwicktem Fall Frau Themis zu Gericht.
Der arme Schiedsmann schwitzt auf seinem Richterstuhle;
 doch durch ihr Schreien hin und her
10 mit Schwur und Gegenschwur sah er,
 daß alle beid' aus guter Schule.
Er sprach: „Ich kenn' euch zwei viel besser, als ihr glaubt,
 und straf' euch beide unverhohlen;
du, Wölflein, klagst, obgleich dir niemand was geraubt,
15 du aber, Füchslein, hast trotz alledem gestohlen."

Der Richter dachte sich: Wenn aufs Geratewohl
man einen Schurken straft, so tut man immer wohl.

(La Fontaine II 3)

1. Wie schmückt der Franzose die sehr knappe Fabel des Lateiners aus? Gewinnt sie dadurch an Wirkung?
2. Warum ist dieser Rechtsfall schwierig?
3. Wie wird der Prozeß selbst sprachlich angedeutet?
4. Wie hat La Fontaine den Richterspruch weitergebildet?
5. Wie äußert sich der Dichter über den Widerspruch im Richterspruch des Affen? Welche Ausdruckskraft hat dieser Widerspruch, die auf keine andere Weise erreicht werden könnte?
6. Gibt es noch andere Fabeln, die auf Paradoxien aufgebaut sind?

Zu Phaedrus I 12:

Der Hirsch, der sich im Wasser spiegelt

Ein Hirsch, der sich in eines Quelles
Kristall beschaut, war voll vom Preis
der Schönheit seines Hauptgeweihs;
doch schämt er sich des Fußgestelles,
5   das ihm wie Spindeln dürr beinah
erschien, als er sein Bild im Wasserspiegel sah.
„Welch ein Verhältnis, wenn ich Fuß und Haupt vergleiche!"
spricht er, voll Unmut sich betrachtend. „In der Tat,
wenn mit der Stirn ich an der Bäume Kronen reiche,
10   mein Fuß gereicht mir nicht zum Staat!"
Während er so spricht, ergreift er
vor 'nem Spürhund schnell die Flucht;
durch den Wald, wo Schutz er sucht,
durch Gebüsch und Hecken streift er.
15   Doch sein Geweih hält ihn im Lauf –
ein arger Schmuck! – fortwährend auf
und hindert seinen Fuß am meisten,
ihm Lebensretterdienst zu leisten.
Da widerruft er und verwünscht die Gabe, die
20   der Himmel jährlich ihm verlieh.

Man schätzt das Schön', indem wir Nützliches mißachten –
Schönheit führt oft Gefahr herbei.
Die Füße schmäht der Hirsch, die doch behend ihn machten,
und preist sein schädliches Geweih.

(La Fontaine VI 9)

1. Welche poetische Atmosphäre vermittelt das Bild des sich in der klaren Quelle spiegelnden Hirsches?
2. Welche beiden Situationen bieten dem Hirsch Selbsttäuschung und Selbsterkenntnis, zeigen ihm falschen Wert und echten Wert?
3. Warum können Schönheit und Nützlichkeit nicht zusammenfallen, kann der ästhetische Wert nicht Spiegel und Gradmesser des praktischen Wertes sein? Wäre eine Fabel möglich, in der diese Differenzierung zwischen „Schön" und „Brauchbar" nicht bestünde, wo beides zusammenfiele?
4. Nehmen Sie die Phaedrus-Fabel zur Interpretation des La Fontaine-Gedichtes! Ist letzteres aus sich allein ebenso gut verständlich? Oder hat man den Eindruck, daß es seinen Sinn besser als Variation der Phaedrus-Fabel enthüllt?
5. Ist die Moral befriedigend klar formuliert, oder zeigt sie nur eine begrenzte Gültigkeit dieser Fabel auf?
6. Suchen Sie einzelne poetische Schönheiten dieser Fabel zusammen!
7. Überwiegt hier die Schönheit der Formulierung oder die Weisheit des Gehaltes?

Zu Phaedrus I 13:

Der Rabe und der Fuchs

Im Schnabel einen Käse haltend, hockt
auf einem Baumast Meister Rabe.
Von dieses Käses Duft herbeigelockt,
spricht Meister Fuchs, der schlaue Knabe:
5 „Ah! Herr von Rabe, guten Tag!
Wie nett Ihr seid und von wie feinem Schlag!
Entspricht dem glänzenden Gefieder
nun auch der Wohlklang Eurer Lieder,
dann seid der Phönix Ihr in diesem Waldrevier."
10 Dem Raben hüpft das Herz vor Lust. Der Stimme Zier
zu künden, tut mit stolzem Sinn
er weit den Schnabel auf; da – fällt der Käse hin.
Der Fuchs nimmt ihn und spricht:
„Mein Freundchen, denkt an mich!
15 Ein jeder Schmeichler mästet sich
vom Fette des, der willig auf ihn hört.
Die Lehr' ist zweifellos wohl einen Käse wert!"
Der Rabe, scham- und reuevoll,
schwört – etwas spät –, daß ihn niemand mehr fangen soll.

(La Fontaine I 2)

1. Worin liegt die poetische Schönheit dieses Fabelgedichtes?
2. Wie verhalten sich die erzählerischen Elemente zu den direkten Reden?
3. Welche Pointe fügt La Fontaine dadurch der Phaedrus-Fabel hinzu, daß er den Fuchs, als Bezahlung gewissermaßen für den genossenen Käse, die Moral an den betrogenen Raben richten läßt? Ist es notwendig, daß ein Satz über das Verhalten des Raben folgt?
4. Wie steht es mit der Lebensweisheit und der moralischen Anwendung der Fabel? Warum ist es so leicht, auf Schmeichelei hereinzufallen?

Zu Phaedrus I 21:

Der altgewordene Löwe

    Der Löwe, sonst der Wälder Schreck,
seufzend ob einst'ger Kraft und ob der Last von Jahren,
ward jetzt vom eignen Volk mißhandelt schnöd und keck,
    die stark durch seine Schwäche waren.
5 Das Pferd kommt und versetzt ihm eins mit seinem Huf,
der Wolf 'nen Biß, das Rind 'nen Stoß mit seinem Horne;
der arme Leu, betrübt und in ohnmächt'gem Zorne,
kann brüllen kaum – zu schwach ist seiner Stimme Ruf.
Mit Würde trägt sein Los er ohne alle Klagen;
10   da sieht den Esel er der Höhle nahn von fern:
„Das ist zu viel!" ruft er. „Den Tod erleid' ich gern,
doch zwiefach sterben heißt von dir 'nen Schlag ertragen!"

(La Fontaine III 14)

1. Wie packt der Dichter das Problem der verlorenen Macht an? Wie ist der Entmachtete in der Person des alten Löwen dargestellt?
2. Welche Bedeutung haben die Mißhandlungen des Löwen durch die verschiedenen Tiere? Wie sind sie sprachlich formuliert?
3. Wie ist die Melancholie des sterbenden Löwen sprachlich vergegenwärtigt?
4. Wie erreicht der Dichter in der recht eindimensionalen Handlung eine letzte Steigerung? Wie paßt dazu die abschließende direkte Rede?
5. Kann man eine moralische Lehre aus der Fabel gewinnen? Oder gibt sie nur ein abgeklärt-melancholisches Gefühl der Lebensweisheit, vielleicht auch der Tröstung über die sichere Vergänglichkeit von Macht?

Zu Phaedrus I 26:

Der Fuchs und der Storch

Gevatter Fuchs hat einst in Kosten sich gestürzt
und den Gevatter Storch zum Mittagbrot gebeten.
Nicht allzu üppig war das Mahl und reich gewürzt;
denn statt der Austern und Lampreten
5 gab's klare Brühe nur – viel ging bei ihm nicht drauf.
In flacher Schüssel ward die Brühe aufgetragen;
indes Langschnabel Storch kein Bißchen in den Magen
bekam, schleckt Reineke, der Schelm, das Ganze auf.
Doch etwas später lädt der Storch, aus Rache
10 für diesen Streich, den Fuchs zum Mahl auf seinem Dache.
„Gern", spricht Herr Reineke, „da ich nach gutem Brauch
mit Freunden nie Umstände mache."
Die Stunde kommt; es eilt der list'ge Gauch
nach seines Gastfreunds hohem Neste,
15 lobt seine Höflichkeit aufs beste,
findet das Mahl auch schon bereit,
hat Hunger – diesen hat ein Fuchs zu jeder Zeit –,
und schnüffelnd atmet er des Bratens Wohlgerüche,
des leckern, die so süß ihm duften aus der Küche.
20 Man trägt ihn auf, doch – welche Pein! –
in Krügen eigepreßt, langhalsigen und engen;
leicht durch die Mündung geht des Storches Schnabel ein,
umsonst sucht Reineke die Schnauze durchzuzwängen.
Hungrig geht er nach Haus und mit gesenktem Haupt,
25 klemmt ein den Schwanz, als hätt' ein Huhn den Fuchs
geraubt,
und läßt vor Scham sich lang nicht sehen.

Ihr Schelme, merkt euch das und glaubt:
Ganz ebenso wird's euch ergehen.

(La Fontaine I 18)

1. Gehen Sie in der Erklärung der Fabel von der Moral und dem letzten
   Wort aus! Wie inszeniert der Fabeldichter das anthropologisch grund-
   legende Prinzip der Gegenseitigkeit?
2. Warum ist dieses Prinzip so wichtig?

3. Hätte es der Dichter besser auf eine positivere Weise dargestellt (z. B. gegenseitige Liebe, solidarische Hilfe, Dankbarkeit)? Warum ist die negative Darstellung (Betrug und Gegenbetrug) wirkungsvoller, und woran liegt das?
4. Wie wird die Enttäuschung des Nahrungstriebes gezeigt? Welche Details lassen den Trieb der Tiere miterleben?
5. Welche Bemerkungen und welche Wortwahl geben der Erzählung eine volkstümlich realistische Note? Gibt es Kontraste zwischen dem (menschlichen) Verhalten und dem Charakter der beiden Akteure als Tiere?
6. Warum zeigt La Fontaine am Schluß (ungleich Phaedrus) das Bild des betrogenen Betrügers Fuchs?

Zu Phaedrus II 2:

Der Mann zwischen zwei Lebensaltern und zwei Lebensgefährtinnen

    Einer in dem unbequemen
    Alter, wo vom Lebensherbst,
    dunkles Haupt, du grau dich färbst.
    dachte dran, ein Weib zu nehmen.
5   Sein Geldsack war sehr schwer,
    und daher
auch manche Frau bemüht, ihm zu gefallen;
doch just darum beeilt sich unser Freund nicht sehr –
    gut wählen ist das Wichtigste von allen.
10 Zwei Witwen freuten sich am meisten seiner Gunst,
    'ne Junge und 'ne etwas mehr Betagte,
    doch die verbesserte, durch Kunst,
    was schon der Zahn der Zeit benagte,
    Es schwatzt und lacht das Witwenpaar,
15   ist stets bemüht, ihn zu ergötzen;
    sie kämmen manchmal ihn sogar,
    um ihm den Kopf zurechtzusetzen.
Die Ältere raubt dann stets ihm etwas dunkles Haar,
    soviel davon noch übrig war –
20 viel gleicher dünkt sie sich dadurch dem alten Schatze.
Die Junge zieht mit Fleiß ihm aus das weiße Haar;
und beide treiben's so, daß unsres Graukopfs Glatze
bald gänzlich kahl – da wird ihm erst sein Standpunkt klar.
„Viel Dank, ihr Schönen, euch!" spricht er. „Wie gut auch immer

25 ich von euch geschoren bin,
   hab' ich doch davon Gewinn;
   denn an Heirat denk' ich nimmer.
   Welche ich nähm', stets ging's, wollt' ich nicht ew'gen Zank,
   nach ihrem, nicht nach meinem Kopfe.
30 'nen Kahlkopf nimmt man nicht beim Schopfe!
   Für diese Lehre nehmt, ihr Schönen, meinen Dank."
   (La Fontaine I 17)

1. Wie wird der Mann charakterisiert? Wie werden die beiden Frauen vorgestellt?
2. Wie wird die Handlung der Fabel – die Szene des Haare-Ausreißens – gezeigt? Finden Sie humoristische Züge?
3. Wie ändert La Fontaine den Schluß der Phaedrus-Fabel? Ist die Moral verändert? Ist aus dem Gedicht über das schlimme Wesen der Frauen eine Fabel über die Unantastbarkeit der persönlichen Freiheit geworden?
4. Fängt La Fontaine eher den Charakter der Frauen ein oder einen allgemein menschlichen Wunsch, den Nächsten zu beeinflussen?

Zu Phaedrus II 8:

Das Auge des Herrn

   Ein Hirsch sucht Zuflucht einst in einem Ochsenstall;
      anfangs rieten die Tier' ihm all',
      nach beßrer Freistatt zu entweichen.
   „Verratet mich nur nicht, ihr meine Brüder!" sprach
5 der Hirsch. „Ich weis' euch auch die fettsten Weiden nach;
   der Dienst kann eines Tags zum Nutzen euch gereichen
      und tut gewiß euch nimmer leid."
   Das Rindvieh schwur zuletzt ihm auch Verschwiegenheit.
   Im Winkel tief versteckt, atmet er auf ganz heiter.
10 Der Abend kommt; man bringt die frischen Futterkräuter,
      wie man dem Vieh sie täglich gab.
   Hundertmal geht das Dienstvolk auf und ab,
      der Meier selbst, und keinem von den allen
         ist das Geweih nur aufgefallen,
15 noch auch der Hirsch. Das Kind der Wälder hält
   schon seinen Dank bereit; er will im Stall noch weilen,
   bis er, wenn irgendwer heimkehrt vom Ackerfeld,
   den günst'gen Augenblick erhascht, davonzueilen.

Ein Wiederkäuer sagt zu ihm: „Bis jetzt ging's gut;
20 doch noch hielt Must'rung nicht der Mann mit hundert Augen,
sein Kommen wird dir wenig taugen!
Bis dahin, armer Hirsch, sei nur auf deiner Hut."
Jetzt kommt der Herr, den Stall beginnt er abzuschreiten:
„Was ist das?" sagt er seinen Leuten.
25 „Zu wenig Futter seh' ich in den Raufen all'!
Und hier die Streu ist alt – schnell, frische in den Stall!
Ich will, in Zukunft soll besser das Vieh gepflegt sein!
Und diese Spinnen hier, müssen denn die gehegt sein?
Warum sind all die Kummt' und Ketten in Verfall?"
30 Wie er nach allem schaut, sieht auch ein Haupt er ragen,
ein andres als sich sonst wohl hier erblicken ließ.
Nun ist der Hirsch entdeckt – jeder holt sich 'nen Spieß;
er wird zerstochen und zerschlagen,
nicht Tränen retteten das arme Tier vom Tod.
35 Man salzt ihn ein, man macht aus ihm manch Mittagbrot,
dran manche Nachbarn sich erquicken.
Sehr fein sagt Phädrus: „Nur des Herren Aug' genügt,
um recht zu sehn und scharf zu blicken."
Ich hätte noch das Aug' der Lieb' hinzugefügt.

(La Fontaine IV 21)

1. Erzählt La Fontaine diese Geschichte anders als Phaedrus?
2. Wodurch macht der Dichter aus dieser Fabel ein kleines (idyllisches) Gemälde des Landlebens?
3. Wie sind hierin Gefahr und Tod integriert? Wie wird das Schicksal des armen Hirsches gesehen?
4. Wodurch unterscheiden sich Ochsen und Hirsch voneinander?
5. Wie verhandeln Ochsen und Hirsch miteinander?
6. Paßt das, so wie es La Fontaine mit der Fabel ausdrücken will, zu der Geschichte? Oder ergäbe sie, ohne Moral erzählt, eine andere Fabel? Enthält sie noch mehr Aspekte?
7. Wie verbinden sich hier Realismus und Irrealität?
8. Ist der Dichter ohne Mitgefühl, gleichgültig gegenüber Leid und Tod? Läßt das Lehrhafte für Emotionen keinen Raum?

Zu Phaedrus III 7:

Der Wolf und der Hund

Ein Wolf, der nichts als Knochen war und Haut –
dank guter Wacht der Schäferhunde –,
traf eine Dogge einst, die, stark und wohlgebaut,
glänzenden Fells und feist, just jagte in der Runde.
5 „Ha!" dachte Meister Isegrimm,
„die so zum Frühstück, wär' nicht schlimm!"
Doch stand bevor ein Kampf, ein heißer,
und unser Hofhund hatte Beißer,
gemacht zu harter Gegenwehr.
10 Drum kommt der Wolf ganz freundlich her
und spricht ihn an, so ganz von ungefähr,
bewundernd seines Leibes Fülle.
„Die, lieber Herr, ist's Euer Wille",
erwiderte der Hund, „blüht Euch so gut wie mir!
15 Verlaßt dies wilde Waldrevier;
seht Eure Vettern, ohne Zweifel
nur dürft'ge Schlucker, arme Teufel,
sie lungern hier umher, verhungert, nackt und bloß!
Hier füttert keiner Euch, Ihr lebt nur – mit Verlaub –
20 vom schlechtesten Geschäft, dem Raub.
Drum folgt mir, und Euch winkt – glaubt nur –
ein besser Los." –
„Was", sprach der Wolf, „hab' ich dafür zu leisten?" –
„Fast nichts!" so sagt der Hund. „Man überläßt die Jagd
25 den Menschen, denen sie behagt,
schmeichelt der Dienerschaft, doch seinem Herrn
am meisten.
Dafür erhält die nicht verspeisten
Tischreste man zum Lohn, oft Bissen leckrer Art,
30 Hühner- und Taubenknöchlein zart,
manch andrer Wohltat zu geschweigen!"
Schon träumt der Wolf gerührt vom Glück der Zukunft, und
ein Tränlein will dem Aug' entsteigen;
da plötzlich sieht er, daß am Halse kahl der Hund.
35 „Was ist das?" fragt er. – „Nichts!" – „Wie? Nichts?" –
„Hat nichts zu sagen!" –
„Und doch?" – „Es drückte wohl das Halsband hier
mich wund,

woran die Kette hängt, die wir mitunter tragen." –
40 „Die Kette?" fragt der Wolf. „Also bist du nicht frei?" –
„Nicht immer; doch was ist daran gelegen?" –
„So viel, daß ich dein Glück, all deine Schwelgerei
   verachte! Böt'st du meinetwegen
um den Preis mir 'nen Schatz, sieh, ich verschmäht' ihn doch!"
45 Sprach's, lief zum Wald zurück flugs und – läuft heute noch.
                              (La Fontaine I 5)

1. Hat La Fontaine das Freiheitsmotiv besser herausgearbeitet als Phaedrus?
2. Warum greift der Wolf den Hund nicht an? Ist dieser einleitende Passus eine wertvolle Ergänzung?
3. Worin besteht die Höflichkeit im Gespräch der beiden?
4. Wie verändert sich der Dialog ab V. 32? Welchen Sinn hat dies?
5. Wo finden wir eher volkstümliches Kolorit?

Zu Phaedrus IV 25:

Die Fliege und die Ameise

Mit der Ameise stritt die Flieg' um ihren Wert.
„O Jupiter!" rief sie. „Ist's möglich?
Kann Eigenliebe denn den Geist so unerhört
   verblenden, daß ein elend kläglich
5   Reptil sich also überschätzt,
daß es sich neben mich, der Lüfte Tochter, setzt!
Ich bin im Schloß zu Haus, ich sitz' an deinem Tische,
und noch vor dir kost' ich von deinem Opferstier;
das arme Ding – drei Tag' im dunkelsten Gebüsche
10 lebt's von 'nem Halm, den es geschleppt in sein Revier!
   Nun, liebes Schätzchen, sage mir,
war eines Königs Haupt wohl jemals dein Quartier,
'nes Kaisers oder einer Schönen?
Ich küsse, wenn ich will, den schönsten Hals, fürwahr,
15   treib' mich umher im weichsten Haar,
und weiße Wangen heb' ich zu noch weißern Tönen.
Vollendet ihren Putz ein schönes Weib, besorgt,
    Eroberung damit zu machen,
so ist's ein Schmuck, den sie uns Fliegen abgeborgt.

20 Nun red' mir noch von Wirtschaftssachen
 den Kopf voll!" – „Hab' ich jetzt das Wort?"
 erwidert drauf die Sparsam-Weise.
 „Im Schloß bist du zu Haus, doch man verwünscht dich dort;
 und nimmst zuerst du von der Speise,
25 welche den Göttern man verehrt –
 meinst wirklich du, das sei was wert?
 Überall kommst du hin; das tut nur, wer unedel.
 Auf eines Königs wie auf eines Esels Schädel
 pflanzet ihr gern euch auf, gewiß, ich leugn' es nicht;
30 doch weiß ich, daß ein schnell Gericht
 für die Zudringlichkeit euch oft den Tod läßt leiden.
 Auch ein gewisser Schmuck, sagst du, soll niedlich kleiden.
 Ich geb' es zu, er ist schwarz, ganz wie ich und du,
 auch deinen Namen mag er führen; doch wozu
35 sich gar noch brüsten solchen Ruhmes?
 Ist ‚Fliege' nicht der Nam' auch des Schmarotzertumes?
 Hör also auf und sprich nicht fürderhin so groß!
 Brechen muß, was sich nicht läßt biegen;
 leicht jagt man fort die leichten Fliegen,
40 Schmeißfliegen schlägt man tot; und Tod ist auch dein Los
 vor Mattigkeit, Frost, Magenleere,
 wann Phoebus erst beherrscht die andre Hemisphäre.
 Dann erst genieß' ich voll der Arbeit süße Frucht –
 nicht berg- und talwärts auf der Flucht
45 dem Wind und Regen preisgegeben,
 kann froh ich und behaglich leben.
 Daß jetzt ich Sorge trug, macht mich von Sorge frei.
 Dann erst zeig' ich dir, was es sei
 um wahrer Ehre Schatz, um falschen Ruhmes Schimmer.
50 Leb wohl, ich hab' nicht Zeit; Arbeit ist mir Gesetz,
 und Schrank und Speicher werden nimmer
 mir voll durch müßiges Geschwätz."

(La Fontaine IV 3)

1. Verleiht La Fontaine seiner Fabel doch mehr Poesie als Phaedrus? Wenn ja, wodurch?
2. Womit macht er die Fabel zum Abbild der Wirklichkeit seiner Zeit? Welche Rolle spielen Frauenschönheit und Erotik, wie werden sie hier sinnvoll eingebaut? Wie erscheint höfisches Leben?
3. Wie stellt sich die Ameise selbst dar? Hat sie bei La Fontaine ein größeres Gewicht als bei Phaedrus?

Zu Phaedrus I 26:

Wie Simonides von den Göttern beschützt ward

Drei Dinge gibt's, die nie man hoch genug kann preisen:
  Gott, die Geliebt' und seinen Herrn.
  Malherbe sagt's einmal, und ich bekenn' mich gern
  zu diesem Ausspruch unsres Weisen.
5 Wohl kitzelt feines Lob und nimmt die Herzen ein,
oft ist der Schönen Gunst der Preis für Schmeichelei'n.
Hört, welch ein Preis dafür von Göttern zu gewinnen.
  Simonides fiel's einstmals ein,
  'nes Fechters Lob im Lied zu singen. Beim Beginnen
10 fand er zu trocken gleich, zu arm den Gegenstand;
des Ringers Sippe war fast gänzlich unbekannt,
ein dunkler Ehrenmann sein Vater, er ein schlichter
  und dürft'ger Stoff für einen Dichter.
Anfangs sprach der Poet von einem Helden zwar
15 und lobte, was an ihm nur irgend war zu loben;
bald aber schweift' er ab, und zu dem Zwillingspaar
Kastor und Pollux hat er schwungvoll sich erhoben.
Er preist die beiden als der Ringer Ruhm und Hort,
zählt ihre Kämpfe auf, bezeichnet jeden Ort,
20 wo jemals sie gestrahlt im Glanze hellsten Lichtes.
  Der beiden Lob – mit einem Wort,
  zwei Drittel füllt es des Gedichtes.
Bedungen hatte ein Talent als Preis die zwei;
  jetzt kommt der Biedermann herbei,
25 zahlt ihm ein Drittel nur und sagt ihm frank und frei,
es würden ihm den Rest Kastor und Pollux zahlen.
„Halt dich nur an die zwei, die hell am Himmel strahlen!
  Allein, daß du nicht meinst, ich sei
dir gram – besuche mich zu Tisch. Gut sollst du speisen;
30   auch die Gesellschaft ist nicht schlecht,
  s'ist meine Sippe – ist dir's recht,
  so wolle mir die Ehr' erweisen."
Simonides sagt zu; vielleicht befürchtet er,
außer dem Geld auch noch die Ehre dranzugeben.
35   Er kommt; man speist, man läßt ihn leben,
  und froh und munter geht es her.
Da meldet ihm ein Sklav', es hätten an der Pforte
zwei Männer augenblicks zu sprechen ihn begehrt;

er eilt hinaus, doch bleibt am Orte
40 die Sippe schmausend ungestört.
Das Götterzwillingspaar, die er im Lied gepriesen,
sie sind's, sie bringen ihm die Mahnung jetzt als Lohn
Forteilen mög' er schnell aus diesen
unsel'gen Hallen, die mit nahem Einsturz drohn.
45 Bald war erfüllt die Schreckenskunde:
ein Pfeiler wankt, ein stürzt das Dach,
das ungestützte, schlägt zugrunde
all Eß- und Trinkgerät und mit furchtbarem Krach
die Schenken selbst im Festgemach.
50 Noch mehr: Als Rache für die Götter, die geschmähten,
und den betrogenen Poeten
zerschmettert beide Bein' ein Balken dem Athleten.
Teils wund, teils arg verstümmelt gar
kehrt heim der Gäste ganze Schar.
55 Fama verbreitete die Mär auf ihren Reisen;
nun doppelt alle Welt, ihm Achtung zu beweisen,
den Sold des Dichters, der der Götter Liebling war,
und jedermann aus höhern Kreisen
ließ jetzt durch ihn für Honorar
60 in Versen seine Ahnen preisen.

Was lehrt die Fabel uns? Zuerst, mein' ich, daß man
das Lob der Himmlischen zu weit nie treiben kann;
ferner, daß mit dem Schmerz und ähnlich ernsten Sachen
Melpomene versteht manch gut Geschäft zu machen;
65 endlich, daß unsre Kunst man schätz' ohn' Unterlaß.
Die Großen ehren sich, wenn uns sie Gunst erweisen;
einst hört' als Freund' und Brüder preisen
man den Olymp und den Parnaß.

(La Fontaine I 14)

1. Studieren Sie an diesem Text, wie La Fontaine eine Vorlage von Phaedrus bearbeitet! Was übernimmt er, wo schmückt er vor allem aus? Läßt er Details weg?
2. Welchen Wert hat die Hinzufügung von Einleitung (Vers 1–7) und Schluß (Vers 61–68)? Fügt das Zitat von Malherbe und seine Korrektur etwas Wesentliches hinzu? Wo spricht der Dichter in eigener Sache?
3. Welche Veränderungen gehen auf Rechnung nicht genügender Kenntnisse in antiker Kultur? Wie begründet La Fontaine es, daß Simonides von dem Dioskuren sprach? Warum ist das Auftreten dieser Dioskuren so schwach?

4. Warum malt La Fontaine so sehr das Unglück des Einsturzes aus?
5. Warum läßt er den Wert der Dichtung des Simonides nach dem Unglück steigen?
6. Verfaßte hier La Fontaine „literarisierte Poesie" oder „Dichtung aus zweiter Hand"?
7. Steht La Fontaine in seinem Glauben Phaedrus nach?
8. Spricht La Fontaine unter dem Namen des Simonides in eigener Sache? Gibt es Hinweise, daß er die Situation des antiken Dichterkollegen besonders gut versteht, daß er sich mit ihm solidarisiert?

Philosophische Fabeln:

Der Mensch und sein Ebenbild

                Für den Herzog de la Rochefoucauld

Es war einmal ein Mann, in sich selbst verliebt,
sich für den schönsten hielt, den alle Lande trügen;
den Spiegel scheltend, daß entstellt sein Bild er gibt,
fand er sein Glück darin, sich selber zu belügen.
5 Um ihn zu heilen, sorgt ein günstiges Geschick,
    daß stets er, wo auch weilt sein Blick,
    der Damen stummen und geheimen Rat muß schauen:
Spiegel in Stub' und Saal. Spiegel ob nah ob fern.
    Spiegel in Taschen feiner Herrn,
10   Spiegel im Gürtel schöner Frauen.
Was tut unser Narziß? Er tut sich selbst in Bann
und birgt am stillsten Ort sich, den er finden kann,
wohin kein Spiegel wirft sein trügerisch Gebilde.
Doch durch der Einsamkeit verlassenstes Gefilde
15   rieselt ein klarer Silberbach.
Er schaut sich selbst darin, und zürnend ruft er: „Ach,
ein eitel Trugbild ist's, das mir den Ort verleidet!"
Er gibt sich alle Müh', ihm aus dem Weg zu gehn;
    allein der Bach ist gar so schön,
20   daß er nur ungern von ihm scheidet.

    Was die Moral der Fabel sei?
Zu allen red' ich; das Sichselbstbetrügen,
ein Übel ist's, von dem kein Sterblicher ganz frei:
dein Herz, es ist der Narr, geneigt, sich zu belügen;

25 der Spiegel, den als falsch zu schelten wir geneigt,
des Nächsten Torheit ist's, die wir an uns vermissen.
Der Bach, der unser Bild uns zeigt,
du kennst ihn wohl, man nennt ihn – das Gewissen.

(La Fontaine I 11)

1. Welche moralische Bedeutung haben Spiegel und Spiegelbild, die auch in mehreren Phaedrus-Fabeln eine Rolle spielen? Wie werden Spiegel sprachlich benannt?
2. Warum glaubt der Mensch nicht den Spiegeln, aber dem Spiegelbild im Wasser des Kanals?
3. Wo finden wir das Thema des Narzißmus noch?
4. Inwieweit ist die menschliche Psyche narzißtisch? Warum muß sie so sein?
5. Werten Sie die Moral in Vers 21–28 aus!

Der skythische Philosoph

Ein strenger Philosoph, in Skythien geboren,
der mildre Lebensart auf einmal sich erkoren,
reiste nach Griechenland, wo er 'nen Weisen sah,
Vergils berühmtem Greis ähnlich, die Torheit meidend,
5 den Kön'gen gleichgestellt, den Göttern ziemlich nah'
und, wie die letztern still, nichts in der Welt beneidend,
der sein Glück in der Pracht 'nes schönen Gartens fand.
Der Skythe sah ihn dort, das Messer in der Hand,
an seinen Obstbäumen unnützen Trieb beschneidend,
10 sie stutzend, und wie er der üppigen Natur
bald Einhalt tat und bald sie schonte,
die seine Müh' ihm reich mit Wucherzinsen lohnte.
Der Skythe fragt: „Wozu doch nur
all die Zerstörung? Darf der Weise ohne Gnaden
15 der armen Kreatur antun so bittres Leid?
Gib mir dein Messer her, das Werkzeug tut nur Schaden;
laß das dem Sensenschnitt der Zeit:
die wandern bald genug zu Acherons Gestaden!" –
„Das Schlechte schneid' ich fort", spricht jener, „dann gedeiht
20 der Rest zu größrer Fruchtbarkeit."
Der Skythe, heimgekehrt nach seinem Land, dem kalten,
greift nun zum Messer, stutzt, was nur das Zeug will halten,

rät seinen Freunden und Nachbarn und ordnet dann
     ein allgemeines Schneiden an.
25 Die schönsten Zweige haut er ab in seinem Garten,
     verstümmelt jeden Baum ohn' allen Sinn und Grund,
     ohne der Jahreszeiten und
     der Monde Wechsel abzuwarten.
     Nicht lang, starb alles ab.
30
     Der Skythe gleicht genau
     dem Stoiker, der, hart und rauh,
     in unsrer Seele sucht zu dämpfen
     Sehnsucht und Leidenschaft, ganz gleich, ob gut, ob schlecht;
     der kleinste Wunsch ist ihm nicht recht.
35 Stets werd' ich dieses Volk, soviel ich kann, bekämpfen;
     dem Herzen wird durch sie die beste Kraft zerstört,
     und eh' man stirbt, hat man zu leben aufgehört.
                                    (La Fontaine XII 20)

1. Welche Kenntnisse antiker Philosophie setzt diese Fabel voraus?
2. Welche philosophische Haltung wollte La Fontaine mit der Fabel illustrieren?
3. Worin besteht das unglückliche Mißverständnis des Philosophen?
4. Welches ist der Unterschied zwischen Glück durch Selbstdisziplin und psychische Hygiene und philosophischem Radikalismus stoischer Philosophie?
5. Inwieweit drückt der Gegensatz zwischen Gartenkultur und Lebensfeindlichkeit die Grenzen zwischen philosophischer Lebensweisheit und radikal-lebensfeindlicher Ideologie aus?
6. Warum ist es gut, philosophische Erkenntnisse durch solche Fabeln auszudrücken?
7. Wie helfen sich echt stoische Philosophen (z. B. Seneca) gegen die Lebensfeindlichkeit ihrer radikalen Philosophie?
8. Wie zeigt La Fontaine das Wesen stoischer Philosophie? Ist seine Kritik einseitig?
9. Umschreiben Sie genau die Handlung der Fabel und die Vorgehensweise des skythischen Philosophen?
10. Welche Spannweite an Bedeutung besitzt der Begriff des „Überflüssigen"? Warum ist hier so schwer das rechte Maß zu finden?
11. Kann man diese Fabel als einen Versuch der Erklärung auffassen, wie stoische Philosophie entstanden sein könnte?
12. Was bedeutet in Vers 23 f. die Einbeziehung von Nachbarn und Freunden? Was bedeutet „allgemeines Schneiden"?

Gotthold Ephraim Lessing:

Von dem Gebrauch der Thiere in der Fabel

Der größte Theil der Fabeln hat Thiere, und wohl noch geringere Geschöpfe, zu handelnden Personen. – Was ist hiervon zu halten? Ist es eine wesentliche Eigenschaft der Fabel, daß die Thiere darin zu moralischen Wesen erhoben werden? Ist es ein Handgriff, der dem Dichter die Erreichung seiner Absicht verkürzt und erleichtert? Ist es ein Gebrauch, der eigentlich keinen ernstlichen Nutzen hat, den man aber zu Ehren des ersten Erfinders beibehält, weil er wenigstens schnackisch ist – *quod risum movet*? Oder was ist es?

Batteur hat diese Fragen entweder gar nicht vorausgesehen, oder er war listig genug, daß er ihnen damit zu entkommen glaubte, wenn er den Gebrauch der Thiere seiner Erklärung sogleich mit anflickte. Die Fabel, sagt er, ist die Erzählung einer alllegorischen Handlung, die gemeiniglich den Thieren beigelegt wird. – Vollkommen *à la Françoise*! Oder, wie der Hahn über die Kohlen! – Warum, möchten wir gerne wissen, warum wird sie gemeiniglich den Thieren beigelegt? O, was ein langsamer Deutscher nicht alles fragt.

Ueberhaupt ist unter allen Kunstrichtern Breitinger der einzige, der diesen Punct berührt hat. Er verdient es also um so viel mehr, daß wir ihn hören. „Weil Aesopus, sagt er, die Fabel zum Unterrichte des gemeinen bürgerlichen Lebens angewendet, so waren seine Lehren meistens ganz bekannte Sätze und Lebensregeln, und also mußte er auch zu den allegorischen Vorstellungen derselben ganz gewohnte Handlungen und Beispiele aus dem gemeinen Leben der Menschen entlehnen. Da nun aber die täglichen Geschäfte und Handlungen der Menschen nichts ungemeines oder merkwürdig reizendes an sich haben, so mußte man nothwendig auf ein neues Mittel bedacht seyn, auch der allegorischen Erzählung eine anzügliche Kraft und ein reizendes Ansehen mitzutheilen, um ihr also dadurch einen sichern Eingang in das menschliche Herz aufzuschließen. Nachdem man nun wahrgenommen, daß allein das Seltene, Neue und Wunderbare eine solche erweckende und angenehm entzückende Kraft auf das menschliche Gemüth mit sich führt, so war man bedacht, die Erzählung durch die Neuheit und Seltsamkeit der Vorstellungen wunderbar zu machen, und also dem Körper der Fabel eine ungemeine und reizende Schönheit beizulegen. Die Erzählung besteht aus zwei wesentlichen Hauptumständen, dem Umstande der Person, und der Sache oder Handlung; ohne diese kann keine Erzählung Platz haben. Also muß das Wunderbare, welches in der Erzählung herrschen soll, sich entweder auf die Handlung selbst, oder auf die Personen, denen selbige zugeschrieben wird, beziehen. Das Wunderbare, das in den täglichen Geschäften und Handlungen der Menschen vorkommt, besteht vornehmlich in dem Unvermutheten, sowohl in Absicht auf die Vermessenheit im Unterfangen, als die Bosheit oder Thorheit im Ausführen, zuweilen auch in einem ganz unerwarteten Ausgange einer Sache. Weil aber dergleichen wunderbare Handlungen in dem gemeinen Leben der Menschen etwas ungewohntes und seltenes sind, da hingegen die meisten gewöhnlichen Handlungen gar nichts ungemeines oder merkwürdiges an sich haben: so sah man sich gemüßigt, damit die Erzählung als der Körper der Fabel nicht verächtlich würde, derselben durch die Veränderung und Verwandlung der Personen einen angenehmen Schein des Wunderbaren mitzutheilen. Da nun die Menschen, bei aller ihrer Verschiedenheit, dennoch überhaupt betrachtet in einer wesentlichen Gleichheit und Verwandtschaft stehen, so besann man sich, Wesen von einer höhern Natur, die man wirklich zu seyn glaubte, als Götter und Genien, oder solche, die man durch die Freiheit der Dichter zu Wesen erschuf, als die Tugenden, die Kräfte der Seele, das Glück, die Gelegenheit ec. in die Erzählung einzuführen, vornehmlich aber nahm man sich die Freiheit heraus, die Thiere, die Pflanzen, und noch geringere Wesen, nämlich die leblosen Geschöpfe, zu der höhern Natur der vernünftigen Wesen zu erheben, indem man ihnen menschliche Vernunft und Rede mittheilte, damit sie also fähig würden, uns ihren Zustand und ihre Begegnisse in einer uns vernehmlichen Sprache zu erklären, und durch ihr Exempel von ähnlichen moralischen Handlugen unsere Lehrer abzugeben ec." –

Breitinger also behauptet, daß die Erreichung des Wunderbaren die Ursache sey, warum man in der Fabel die Thiere und andere niedrigere Geschöpfe reden und vernunftmäßig handeln lasse. Und eben weil er dieses für die Ursache hält, glaubt er, daß die Fabel überhaupt, in ihrem Wesen und Ursprunge betrachtet, nichts anders als ein lehrreiches Wunderbare sey. Diese seine zweite Erklärung ist es, welche ich hier, versprochenermaßen, untersuchen muß.

Es wird aber bei dieser Untersuchung vornehmlich darauf ankommen, ob die Einführung der Thiere in der Fabel wirklich wunderbar ist. Ist sie es, so hat Breitinger viel gewonnen; ist sie es aber nicht, so liegt auch sein ganzes Fabelsystem mit einmal über dem Haufen.

Wunderbar soll diese Einführung seyn? Das Wunderbare, sagt eben dieser Kunstrichter, legt den Schein der Wahrheit und Möglichkeit ab. Diese anscheinende Unmöglichkeit also gehört zu dem Wesen des Wunderbaren; und wie soll ich nunmehr jenen Gebrauch der Alten, den sie selbst schon zu einer Regel gemacht hatten, damit vergleichen? Die Alten nämlich fingen ihre Fabeln am liebsten mit dem Φασι und dem darauf folgenden Klagefalle an. Die griechischen Rhetores nennen dieses kurz, die Fabel in dem Klagefalle (ταις αιτιατικαις) vortragen; und Theon, wenn er in seinen Vorübungen hierauf kommt, führt eine Stelle des Aristoteles an, wo der Philosoph diesen Gebrauch billigt, und es zwar deßwegen für rathsamer erklärt, sich bei Einführung einer Fabel lieber auf das Alterthum zu berufen, als in der eigenen Person zu sprechen, damit man den Anschein, als erzähle man etwas Unmögliches, vermindere (ινα παραμυθησωνται το δοκειν αδυνατα λεγειν). War also das der Alten ihre Denkungsart, wollten sie den Schein der Unmöglichkeit in der Fabel so viel als möglich vermindert wissen: so mußten sie nothwendig weit davon entfernt seyn, in der Fabel etwas Wunderbares zu suchen oder zur Absicht zu haben; denn das Wunderbare muß sich auf diesen Schein der Unmöglichkeit gründen.

Weiter! Das Wunderbare, sagt Breitinger an mehr als einem Orte, sey der höchste Grad des Neuen. Diese Neuheit aber muß das Wunderbare, wenn es seine gehörige Wirkung auf uns thun soll, nicht allein bloß in Ansehung seiner selbst, sondern auch in Ansehung unserer Vorstellungen haben. Nur das ist wunderbar, was sich sehr selten in der Reihe der natürlichen Dinge ereignet. Und nur das Wunderbare behält seinen Eindruck auf uns, dessen Vorstellung in der Reihe unserer Vorstellungen eben so selten vorkommt. Auf einen fleißigen Bibelleser wird das größte Wunder, das in der Schrift aufgezeichnet ist, den Eindruck bei weitem nicht mehr machen, den es das erstemal auf ihn gemacht hat. Er liest es endlich mit eben so wenigem Erstaunen, daß die Sonne einmal stille gestanden, als er sie täglich auf- und niedergehen sieht. Das Wunder bleibt immer dasselbe, aber nicht unsere Gemütsverfassung, wenn wir es zu oft denken. – Folglich würde auch die Einführung der Thiere uns höchstens nur in den ersten Fabeln wunderbar vorkommen; fänden wir aber, daß die Thiere fast in allen Fabeln sprächen und urtheilten, so würde diese Sonderbarkeit, so groß sie auch an und für sich selbst wäre, doch gar bald nichts Sonderbares mehr für uns haben.

Aber wozu alle diese Umschweife? Was sich auf einmal umreißen läßt, braucht man das erst zu erschüttern? – Darum kurz: daß die Thiere und andere niedrigere Geschöpfe Sprache und Vernunft haben, wird in der Fabel vorausgesetzt; es wird angenommen, und soll nichts weniger als wunderbar seyn. – Wenn ich in der Schrift lese: „Da thät der Herr der Eselin den Mund auf und sie sprach zu Bileam etc.." so lese ich etwas Wunderbares. Aber wenn ich bei dem Aesopus lese: Φασιν, ότε φωνηεντα ἠν τα ζωα, την ὀϊν προς τον δεσποτην εἰπειν: „Damals, als die Thiere noch redeten, soll das Schaf zu seinem Hirten gesagt haben": so ist es ja wohl offenbar, daß mir der Fabulist nichts Wunderbares erzählen will, sondern vielmehr etwas, das zu der Zeit, die er mit Erlaubnis seines Lesers annimmt, dem gemeinen Laufe der Natur vollkommen gemäß war.

Und das ist so begreiflich, sollte ich meinen, daß ich mich schämen muß, noch ein Wort hinzuzuthun. Ich komme vielmehr sogleich auf die wahre Ursache, – die ich wenigstens für die wahre halte, – warum der Fabulist die Thiere oft zu seiner Absicht bequemer findet, als die Menschen. – Ich setze sie in die allgemein bekannte Bestandheit der Charaktere. – Gesetzt auch, es wäre noch so leicht, in der Geschichte ein Exempel zu finden, in welchem sich diese oder jene moralische Wahrheit anschauend erkennen ließe. Wird sie sich deßwegen von jedem ohne Ausnahme darin erkennen lassen? Auch von dem, der mit den Charakteren der dabei interessirten Personen nicht vertraut ist? Unmöglich! Und wie viel Personen sind wohl in der Geschichte so allgemein bekannt, daß man sie nur nennen dürfte, um sogleich bei einem jeden den Begriff von der ihnen zukommenden Denkungsart und anderen Eigenschaften zu erwecken? Die umständliche Charakterisierung daher zu vermeiden, bei welcher es doch noch immer zweifelhaft ist, ob sie bei allen die nämlichen Ideen hervorbringt, war man gezwungen, sich lieber in die kleine Sphäre derjenigen Wesen einzuschränken, von denen man es zuverlässig weiß, daß auch bei den Unwissendsten ihren Benennungen diese und keine andere Idee entspricht. Und weil von diesen Wesen die wenigsten ihrer Natur nach geschickt waren, die Rollen freier Wesen über sich zu nehmen, so erweiterte man lieber die Schranken ihrer Natur, und machte sie unter gewissen wahrscheinlichen Voraussetzungen dazu geschickt.

Man hört: Britannicus und Nero. Wie viele wissen, was sie hören? Wer war dieser? Wer jener? In welchem Verhältnisse stehen sie gegeneinander? – Aber man hört: der Wolf und das Lamm; sogleich weiß jeder, was er hört, und weiß, wie sich das eine zu dem andern verhält. Diese Wörter, welche stracks ihre gewissen Bilder in uns erwecken, befördern die anschauende Erkenntnis, die durch jene Namen, bei welchen auch die, denen sie nicht unbekannt sind, gewiß nicht alle vollkommen eben dasselbe denken, verhindert wird. Wenn daher der Fabulist keine vernünftigen Individuen auftreiben kann, die sich durch ihre bloße Benennungen in unsere Einbildungskraft schildern, so ist es ihm erlaubt, und er hat Fug und Recht, dergleichen unter den Thieren oder unter noch geringeren Geschöpfen zu suchen.

Man setze in der Fabel von dem Wolfe und dem Lamme anstatt des Wolfes den Nero, anstatt des Lammes den Britannicus, und die Fabel hat auf einmal alles verloren, was sie zu einer Fabel für das ganze menschliche Geschlecht macht. Aber man setze anstatt des Lammes und des Wolfes den Riesen und den Zwerg, und sie verliert schon weniger; denn auch der Riese und der Zwerg sind Individuen, deren Charakter ohne weitere Hinzuthuung ziemlich aus der Benennung erhellt. Oder man verwandle sie lieber gar in folgende menschliche Fabel: „Ein Priester kam zu dem armen Mann des Propheten und sagte: Bringe dein weißes Lamm vor den Altar, denn die Götter fordern ein Opfer. Der arme erwiederte: mein Nachbar hat eine zahlreiche Herde, und ich habe nur das einzige Lamm. Du hast aber den Göttern ein Gelübde gethan, versetzte dieser, weil sie deine Felder gesegnet. – Ich habe kein Feld, war die Antwort. Nun so war es damals, als sie deinen Sohn von seiner Krankheit genesen ließen – O, sagte der Arme, die Götter haben ihn selbst zum Opfer hingenommen. Gottloser! zürnte der Priester; du lästerst! und riß das Lamm aus seinem Schooße." – Und wenn in dieser Verwandlung die Fabel noch weniger verloren hat, so kommt es bloß daher, weil man mit dem Worte Priester den Charakter der Habsüchtigkeit leider noch weit geschwinder verbindet, als den Charakter der Blutdürstigkeit mit dem Wort Riese, und durch den armen Mann des Propheten die Idee der unterdrückten Unschuld noch leichter erregt wird, als durch den Zwerg. – Der beste Abdruck dieser Fabel, in welchem sie ohne Zweifel am allerwenigsten verloren hat, ist die Fabel von der Katze und dem Hahn. Doch weil man auch hier sich das Verhältniß der Katze gegen den Hahn nicht so geschwind denkt, als dort das Verhältniß des Wolfes zum Lamme, so sind diese noch immer die allerbequemsten Wesen, die der Fabulist zu seiner Absicht hat wählen können.

Der Verfasser der oben angeführten kritischen Briefe ist mit Breitinger einerlei Meinung und sagt unter andern in der erdichteten Person des Hermann Arels: „Die Fabel bekommt durch diese sonderbare Personen ein wunderliches Ansehen. Es wäre keine ungeschickte Fabel, wenn man dichtete: Ein Mensch sah auf einem hohen Baume die schönsten Birnen hangen, die seine Lust davon zu essen mächtig reizten. Er bemühte sich lange, auf denselben hinauf zu klimmen, aber es war umsonst, er mußte es endlich aufgeben. Indem er wegging, sagte er: Es ist mir gesunder, daß ich sie noch länger stehen lasse, sie sind doch noch nicht zeitig genug. Aber dieses Geschichtchen reizt nicht stark genug; es ist zu platt." – Ich gestehe es Hermann Axeln zu; das Geschichtchen ist sehr platt und verdient nichts weniger, als den Namen einer guten Fabel. Aber ist es bloß deßwegen so platt geworden, weil kein Thier darin redet und handelt? Gewiß nicht, sondern es ist es dadurch geworden, weil er das Individuum, den Fuchs, mit dessen bloßem Namen wir einen gewissen Charakter verbinden, aus welchem sich der Grund von der ihm zugeschriebenen Handlung angehen läßt, in ein anderes Individuum verwandelt hat, dessen Name keine Idee eines bestimmten Charakters in uns erweckt. „Ein Mensch!" Das ist ein viel zu allgemeiner Begriff für die Fabel. An was für eine Art von Menschen soll ich dabei denken? Es giebt deren so viele! Aber „ein Fuchs!" Der Fabulist weiß nur von Einem Fuchse, und sobald er mir das Wort nennt, fallen auch meine Gedanken sogleich nur auf Einen Charakter. Anstatt des Menschen überhaupt hätte Hermann Axel also wenigstens einen Gasconier setzen müssen. Und alsdann würde er wohl gefunden haben, daß die Fabel durch die bloße Weglassung des Thieres so viel eben nicht verlöre, besonders, wenn er in dem nämlichen Verhältnisse auch die übrigen Umstände geändert, und den Gasconier nach etwas mehr als nach Birnen lüstern gemacht hätte.

Da also die allgemein bekannten und unveränderlichen Charaktere der Thiere die eigentliche Ursache sind, warum sie der Fabulist zu moralischen Wesen erhebt, so kommt mir es sehr sonderbar vor, wenn man es Einem zum besondern Ruhme machen will, „daß der Schwan in seinen Fabeln nicht singe, noch der Pelican sein Blut für seine Jungen vergieße." –

Als ob man in den Fabelbüchern die Naturgeschichte studiren sollte! Wenn dergleichen Eigenschaften allgemein bekannt sind, so sind sie werth gebraucht zu werden, der Naturalist mag sie bekräftigen oder nicht. Und derjenige, der sie uns, es sey durch seine Exempel oder durch seine Lehre, aus den Händen spielen will, der nenne uns erst andere Individuen, von denen es bekannt ist, daß ihnen die nämlichen Eigenschaften in der That zukommen.

Je tiefer wir auf der Leiter der Wesen herabsteigen, desto seltener kommen uns dergleichen allgemein bekannte Charaktere vor. Dieses ist denn auch die Ursache, warum sich der Fabulist so selten in dem Pflanzenreiche, noch seltener in dem Steinreiche und am allerseltensten vielleicht unter den Werken der Kunst finden läßt. Denn daß es deßwegen geschehen sollte, weil es stufenweise immer unwahrscheinlicher werde, daß diese geringern Werke der Natur und Kunst empfinden, denken und sprechen könnten, will mir nicht ein. Die Fabel von dem ehernen und dem irdenen Topfe ist nicht um ein Haar schlechter oder unwahrscheinlicher als die beste Fabel, z. B. von einem Affen, so nahe auch dieser dem Menschen verwandt ist, und so unendlich weit jene von ihm abstehen.

Indem ich aber die Charaktere der Thiere zur eigentlichen Ursache ihres vorzüglichen Gebrauchs in der Fabel mache, will ich nicht sagen, daß die Thiere dem Fabulisten sonst zu weiter gar nichts nützten. Ich weiß es sehr wohl, daß sie unter anderm in der zusammengesetzten Fabel das Vergnügen der Vergleichung um ein großes vermehren, welches alsdann kaum merklich ist, wenn sowohl der wahre, als der erdichtete einzelne Fall beide aus handelnden Personen von einerlei Art, aus Menschen, bestehen. Da aber dieser Nutzen, wie gesagt, nur in der zusammengesetzten Fabel stattfindet, so kann er die Ursache nicht seyn, warum die Thiere auch in der einfachen Fabel und also in der Fabel überhaupt dem Dichter sich gemeiniglich mehr empfehlen als die Menschen.

Ja, ich will es wagen, den Thieren und andern geringern Geschöpfen in der Fabel noch einen Nutzen zuzuschreiben, auf welchen ich vielleicht durch Schlüsse nie gekommen wäre, wenn mich nicht mein Gefühl darauf gebracht hätte. Die Fabel hat unsere klare und lebendige Erkenntniß eines moralischen Satzes zur Absicht. Nichts verdunkelt unsere Erkenntnis mehr als die Leidenschaften. Folglich muß der Fabulist die Erregung der Leidenschaften so viel als möglich vermeiden. Wie kann er aber anders z. E. die Erregung des Mitleids vermeiden, als wenn er die Gegenstände desselben unvollkommener macht, und anstatt der Menschen Thiere oder noch geringere Geschöpfe annimmt. Man erinnere sich noch einmal der Fabel von dem Wolfe und Lamme, wie sie oben in die Fabel von dem Priester und dem armen Manne des Propheten verwandelt worden. Wir haben Mitleiden mit dem Lamme; aber dieses Mitleiden ist so schwach, daß es unserer anschauenden Erkenntniß des moralischen Satzes keinen merklichen Eintrag thut. Hingegen wie ist es mit dem armen Manne? Kommt es mir nur so vor, oder ist es wirklich wahr, daß wir mit diesem viel zu viel Mitleiden haben, und gegen den Priester viel zu viel Unwillen empfinden, als daß die anschauende Erkenntniß des moralischen Satzes hier eben so klar seyn könnte, als sie dort ist?

1. Auf welche Art und Weise setzt sich Lessing mit einer fremden Meinung auseinander, und wie entwickelt er dabei seine eigene Auffassung des Problems „Tiere in der Fabel"?
2. Arbeiten Sie die Auffassungen Breitingers und Lessings heraus, und untersuchen Sie sie kritisch (aufgrund Ihrer eigenen Kenntnis von Tierfabeln)! Worin geht die Auffassung Lessings über die Breitingers hinaus?
3. Suchen Sie aus Ihrer Fabelkenntnis weitere Aspekte, die für die Verwendung der Fabeltiere maßgebend sein könnten! Finden Sie dafür eine einzige Erklärung, oder sehen Sie darin ein Zusammentreffen verschiedener Gesichtspunkte?

Allgemeine Aufgaben

1. Wie wird die Erzählung der Fabel begründet? Läßt sich dem Text etwas über die Entstehung und die Herkunft aus bestimmten Situationen oder sozialen Verhältnisse entnehmen?
2. Wie sind die (Tier-)Personen zusammengestellt? Ergibt sich aus dieser Zusammenstellung schon so etwas wie ein „abstrakter Kern" der Geschichte?
3. Welche allgemeinen Eigenschaften sind mit bestimmten Tierarten verbunden? Gibt es Tiere, die in verschiedenen Fabeln verschiedenen Charakter haben? Welche Rollen spielen bestimmte Tiere?
4. Wie werden die betreffenden Tiere eingeführt, wie werden sie dargestellt?
5. Lesen Sie die Fabeln probeweise als Tiergeschichten ohne moralische Bedeutung! Inwiefern ist das natürliche Wesen der Tiere eingefangen? Wo sind Tiere besonders bildhaft-plastisch dargestellt? Wie ist die umgebende Natur abgebildet?
6. Wie ist die einzelne Fabel erzählt? In welche Abschnitte läßt sie sich einteilen? Wo sind dramatische Höhepunkte? Welche Bedeutung haben direkte Reden und Dialoge?
7. Wo wird in den Fabeln das Wesen des Tieres überschritten und werden dem betreffenden Tiere Eigenarten zugesprochen, die nur bei Menschen vorkommen? Inwiefern werden also die Tiere vermenschlicht (anthropomorph umgedeutet)?
8. Welche menschlichen Eigenschaften und Fehler, Untugenden und Laster werden durch die Fabeln gezeigt, sind also durch die Gattung der Fabel ausdrückbar? Gibt es auch Eigenschaften, die von Fabeln nicht illustriert werden können?
9. Wie sind die „moralischen Lehrsätze" der Fabeln gestaltet? Sind sie mit der Geschichte verbunden?
10. Welche moralischen und sogar philosophischen Wertbegriffe oder Kernbegriffe erscheinen in den Fabelerzählungen und in den moralischen Anwendungen?
11. Macht der moralische Sinn die einzelne Fabel interessanter, oder stört der stets wiederkehrende Moralismus?
12. Welches moralische Weltbild wird durch die Fabeln vermittelt?
13. Inwieweit ist die Lehre der Fabeln anwendbar?
14. Wird durch die Tiergeschichten die Moral leichter verständlich als etwa durch abstrakte Formulierung als Lebensweisheit?
15. Welche Fabeln sprechen nur einseitig oder teilweise gültige Erkenntnisse aus?

Quellenverzeichnis (in der Reihenfolge des Vorkommens der Texte)

S. 10: Johann Adolf Schlegel: Der Wolf und das Lamm
aus: Deutsche Fabeln des 18. Jahrhunderts. Hrsg von Manfred Windfuhr Reclam 8429: Stuttgart 1965, S. 60.
S. 15: Gotthold Ephraim Lessing: Die Pfauen und die Krähe
aus: G. E. Lessing, Fabeln, Abhandlung über die Fabel. ed. Rölleke. Reclam UB 27: Stuttgart o. J.
S. 21: Gotthold Ephraim Lessing: Der Wolf auf dem Todbette
aus: G. E. Lessing, Fabeln, Abhandlung über die Fabel. ed Rölleke. Reclam UB 27: Stuttgart o. J.
S. 27: Johann Wilhelm Ludwig Gleim: Der alte Löwe
aus: Deutsche Fabeln des 18. Jahrhunderts. Hrsg. von Manfred Windfuhr. Reclam 8429: Stuttgart 1965, S. 52
S. 55: Gotthold Ephraim Lessing: (ohne Titel)
aus: G. E. Lessing's gesammelte Werke. Neue rechtmäßige Ausgabe. Erster Band G. J Göschen: Leipzig 1856.
S. 72 ff.: La Fontaine, Fabeln
aus: La Fontaine, Fabeln. Gesamtausgabe in deutscher und französischer Sprache Übersetzt von Ernst Dohm. Emil Vollmer Verlag: Wiesbaden o. J.
S. 93: Gotthold Ephraim Lessing: Vom Gebrauch der Thiere in der Fabel
aus: G. E. Lessing's gesammelte Werke. Neue rechtmäßige Ausgabe. Erster Band. G. J. Göschen: Leipzig 1856.